하브루타
수학
질문수업

수학, 풀지 말고 떠들어 봐!

하브루타 수학 질문수업

초판 1쇄 발행 2023년 11월 27일
초판 2쇄 발행 2024년 06월 05일

지은이 양경윤 김수진 곽초롱
발행인 이진호
사업총괄 이진호

발행처 샘솟는기쁨
출판등록 제 2019-000050 호
주소 서울시 중구 수표로2길 9 예림빌딩 402호
대표전화 02-517-2045
팩스(주문) 02-517-5125
홈페이지 https://blog.naver.com/feelwithcom
전자우편 atfeel@hanmail.net

편집 박관용 권지연
마케팅 이진호
디자인 트리니티
제작 아이캔
물류 신영북스

979-11-92794-28-0 (03370)

비비투(VIVI2)는 도서출판 샘솟는기쁨의 임프린트입니다.

"수학, 풀지 말고 떠들어 봐!"

하브루타 수학 질문수업

양경윤, 김수진, 곽초롱 지음

+ − ÷ ×

VIVI2

수학, 한 권의 책이 되다

배움은 호기심과 관심에서 시작합니다.

많은 학생들이 수학을 어려워하고, '수포자'라는 말이 낯설지 않습니다. 아이들이 수학 교과를 두려워하지 않고 흥미를 가질 수 있도록 다양한 교구를 활용하기도 하고 놀이를 활용하기도 합니다. '어떻게 하면 수학과 친해지게 할 수 있을까?'라는 질문은 현장의 선생님뿐 아니라 많은 교육연구가의 숙제이기도 했습니다. 이 책의 수업이 특별한 점이 여기에 있습니다. 학생들 스스로 질문을 던지고, 수학에 대한 호기심을 불러일으킵니다.

질문은 곧 생각이며 배움의 시작입니다.

받은 수학 문제를 풀기만 하던 학생들이 그 문제에 질문하기 시작했고, 서로 이야기하며 수학 원리를 찾아 문제를 풀어 가는 수업으로 펼쳐집니다. 상상으로만 가능할 것 같은 수업이 교실 현장에서 실제로 일어납니다. 자기 질문으로 공부하고, 짝과의 대화가 배움으로 성장합니다.

질문과 대화로 놀이하듯 몰입하며 공부하는,

학생들이 마주 보고 말하며 피드백받고 깨우치는,

문제 풀이가 아닌 문제 해결력을 키우는,

생각하기를 즐기고 어려운 문제에 도전하기를 즐기는,

스스로 참여하고 또래끼리 서로 도우며 배우는,

친구와 협력하고 소통하며 공동체 역량을 기르는,

마음껏 질문하고 스스로 답을 찾으며 아는 기쁨을 누리는,

무엇을 알고 있는지, 더 배워야 하는지 알아 가게 되는 수학 수업!

경남교육청은 선생님들이 교실에서 아이들과 함께 실천한 수업과 성찰, 그리고 성장의 기록을 담아 나눌 수 있도록 '교사 수업 책쓰기'를 돕고 있습니다. 행복한 수학 질문수업! 이 책이 선생님들의 수학 수업에 깊이를 더하길 바랍니다. 배움에 즐거움을 담습니다. 행복한 수학 질문 수업! 꿈이 아니라 지금 바로 여기에서 함께 실천해 봅시다. 질문과 대화로 대한민국 수학 수업에 깊이를 더하시길 바랍니다.

박영선 | 경상남도교육청 초등교육과장

수학 수업 컨설팅을 받고 싶다면?

이 책은 하브루타 질문수업을 쉽고, 재미있게 할 수 있는 완벽한 실천 교과서입니다. 책을 읽으면 수학 질문수업 교실로 공간 이동하게 됩니다. 마주 앉아 궁금한 점을 묻고 답하며 배울 수 있는 생생한 현장 이야기를 담고 있습니다. 저처럼 하브루타 질문수업을 하고 있는 분들이라면, 그동안 해 왔던 질문수업을 점검하고 업그레이드하는 꼼꼼한 컨설팅을 받을 수 있습니다. 이처럼 큰 행운이라니요! 처음 시작하시는 분, 중간 점검이 필요한 모든 분들께 추천드리고 싶습니다. 좋은 수업 방법을 함께 누리시길 바랍니다.

김혜경 | 『하브루타 부모수업』『하브루타 질문독서법』 저자, 질문배움연구소장

수학 수업은 인문학이다!

교육 현장에서는 문제의 탁월한 해결보다 비판적 문제의식을 바탕으로 창의적 문제를 제기하는 것이 중요하다는 것을 일찍이 알고 있었습니다. 하지만 교실 수업에서 좋은 질문을 이끌어 내기 위한 기반은 어떻게 조성할 수 있는지에 대한 고민은 아직도 교사들에게 정복되지 않은 미지의 영역이라고 할 수 있습니다. 수학에서 무엇을 배우는가도 중요하지만 어떻게 배우는가 역시 중요합니다. 수학 수업에서 사람을 만나고 삶을 이야기 나누며 배우는 인문학적인 방법이 필요합니다. 이 책은 질문을 시작으로 배움을 갈무리하기까지 현장에서 검증된 사례를 가득 담아 탐험의 여로에 있는 교사들에게 친절한 손전등이 되어 줄 것입니다.

송윤오 | 교육부 교육콘텐츠정책과 교육연구사, AI 똑똑수학탐험대 개발 및 운영자

챗GPT 이기는 하브루타 수학 질문수업

수학과 하브루타의 만남! 하브루타가 익숙한 저에게도 참 신선한 조합이었습니다. 책을 따라가다 보니 '물고기를 잡아 주기보다 잡는 방법을 가르쳐 주라'는 유명한 유대인 격언이 떠오릅니다. 하브루타 수학 질문수업은 챗GPT 시대를 살아갈 우리 아이들에게 문제 풀이보다 문제 해결력을 길러 줄 수 있는 꼭 필요한 수업입니다. 교육자로서 또 초등 아이를 키우는 엄마로서 제 자녀가 이런 교실에서 공부하기를 희망하며 이 책을 추천합니다.

정예슬 | 『슬기로운 독서생활』 저자, 하브루타독서논술 예스리딩 대표

짝을 이루어 질문하고 대화하자!

하브루타는 짝을 이루어 질문하고 대화하는 유대인 학습법입니다. 이 책 속에는 하브루타가 대한민국 교실에 들어와 생생하게 살아 움직이고 있습니다. 수학이라고 하면 흔히들 문제 풀이로 생각하는 경우가 많습니다. 그런데 수학 문제에 질문을 던지고 스스로 생각하고 짝과 대화하는 방식을 통해서 수학의 원리를 탐색하게 합니다. 학생들이 스스로 던지는 질문에는 관심과 흥미, 배움에 대한 열정만이 아니라 메타인지를 향한 시작을 열어 줍니다. 또한 학생들의 질문과 함께 중요한 교사의 이끎질문이 어떻게 제시되고 운영되어야 하는지를 현장감 있게 제시하고 있습니다. 사회의 다변화로 학생 개개인의 학습 역량이 중요한 시기입니다. 하브루타 수학 질문수업은 이 시기에 꼭 필요한 수업 방법입니다.

민형덕 | 목포대 교육학 외래교수, 세움교육심리연구소장

문제 해결력을 상승시킬 방법을 찾는다면?

그저 수학이 좋아서, 수학을 행복하게 가르치고 학생들의 배움이 깊어지는 방법을 연구하고 시도해 오고 있습니다. 이 책은 그러한 고민을 해결할 수 있는 방법론을 담고 있습니다. 질문과 대화를 통해 학생들에게 스스로 '아하!' 하는 순간을 만나게 합니다. 짝과 설명하기를 통해서 메타인지를 만들고, 피드백하면서 학습을 거듭할 수 있게 도와주고 있습니다. 단순히 학습지를 매겨 주듯 확인하는 수업 방법이 아닙니다. 학생들이 어떻게 수학 원리를 깨쳐 가야 할지, 문제 해결력은 어떻게 상승시켜야 할지를 알려 주는 지도이

자 나침반이 되어 줄 것입니다.

안영란 | 사화초등학교 수석교사, 경남수학교육연구회 연구위원

교사의 수업 역량을 강화하고 싶다면?

수십 년 동안 수학을 가르쳤고 매시간 열심히 준비하여 가르쳤습니다. 하지만 수업하고 나서도 늘 제자리걸음인 것 같은 교사의 역량, 해결되지 않은 학생들의 수준차, 수학책과 수학익힘책의 부담 등 불편함은 늘 그대로였습니다. 그런데 수학 질문수업을 배우고 실천하고부터는 이 모든 문제를 극복하고 교사로서 성장하고 있습니다. 학생들의 눈빛이 살아나는 교실, 진지하고 열정적으로 수학 문제에 도전하는 아이들을 볼 때마다 질문과 대화 수업에 고마움을 표하게 됩니다. 이 책은 그 마법 같은 길을 열어 주는 비법서가 될 것입니다.

이해영 | 일곡초등학교 교사

학생들의 살아 있는 눈빛을 만나고 싶다면?

이 책 속에서는 수학 수업에 단순히 문제만 풀고 있지 않습니다. 선생님은 PPT로만 설명하지 않습니다. 선생님은 끊임없이 학생들의 생각을 자극하는 질문을 던집니다. 학생들은 친구들과 함께 이야기하면서 수학 개념과 원리를 탐구하고, 도전 과제, 탐구 과제들을 해결하기 위해 노력하고 있습니다. 도전을 두려워하지 않는 아이들, 수학 수업에 몰입하는 학생들을 만나고 싶다면 이 책을 열어 실천해 보시길 바랍니다. 이 책이 그 길을 알려 줄 것입니다.

정선희 | 산청초등학교 수석교사

차례

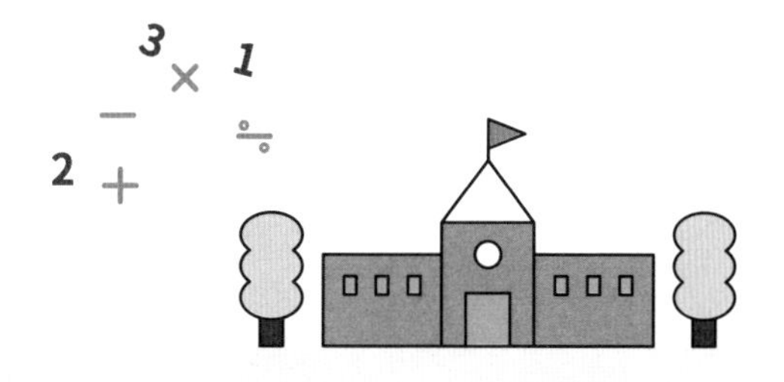

제 4 장 수학 질문수업 도전하기 — 173

제 5 장 수학 질문수업 놀이로 즐겁게 — 221

프롤로그

짝, 질문, 대화로 성장하는 수업

학업성취도는 모든 학생이 상.

PPT가 필요 없는 수학 수업.

모든 학생이 참여하는 수업.

그것은 바로 하브루타 방식의 수학 질문수업입니다. 이 수업의 비법은 단순합니다. 학생 스스로의 질문, 짝대화, 선생님의 이끎질문이 비법이지요.

수학 수업은 어떤 수업이어야 할까요? 어떤 분이 '수학 문제를 잘 푸는 수업'이라고 하시더군요. 맞습니다. 수학 문제를 잘 풀면 시간이 술술 흘러가고 즐겁고 행복해지지요. 문제를 잘 풀면 당연히 학업성취도도 높아지고요. 모든 학생이 이렇게 된다면 선생님도, 학생도, 학부모님도 걱정이 없어질 듯합니다.

문제는 모든 학생의 수학 학업성취도가 높지 않다는 사실이지요. 선생님들께서는 열심히 가르치시는데 학생들 성적이 오르지 않아서 답답하고, 학생들은 열심히 공부하는데 성적이 오르지 않아서 답답합니다. 결국 낮은 학업성취도는 학생의 자존감을 낮게 만들고, 교사에게는 교수법에 대한 좌절과 무력감을 가져다주기도 합니다.

그런데 '짝'이 이 문제를 한 방에 해결해 준다면 믿으시겠습니까? 짝은 바로 수학 문제를 잘 풀게 도와주는 해결사입니다. 믿을 수 없다고요? 둘 다 학업성취도가 너무 낮아서 불가능하다고 생각하시나요? 그렇다면 수학 질문수업에서 짝활동을 배워 보시면 바로 해결됩니다. 그 이야기를 펼쳐 보려고 합니다. 이야기를 본격적으로 시작하기 전에 수학을 왜 배우는지 살펴보면 좋겠습니다. 원론적으로 교육과정에 명시되어 있는 대로 서술해 보겠습니다.

> 수학의 개념이나 원리 법칙을 이해하고 삶의 현상을 수학적으로 관찰하고 해석하고 논리적으로 사고하고 합리적으로 문제를 해결하는 능력과 태도를 기르기 위해…

와! 수학을 가르치면 학생들이 이렇게 성장하게 되는 거였습니다. 단순히 문제를 풀기만 했는데 이러한 능력이 생길까요? 어떻게 해야 될지 방법이 필요합니다. 그 방법 또한 어떤 방향으로 나아가야 할지 교육과정에 명시되어 있습니다.

수학을 학습하는 과정에서 협력하여 문제를 해결하고, 성찰하는 경험을 통해 다른 사람에 대한 포용성을 갖춘, 민주시민이자…

협력, 성찰, 다른 이에 대한 포용성이 학습하는 과정에서 일어나야 합니다. 선생님이 혼자서 열심히 설명하며 가르치기, 학생 혼자서 문제 풀기는 아님을 알 수 있습니다. 이것이 가능한 수업 방법은 생각보다 많습니다. 그중에서도 쉽고 간단하게 적용할 수 있는 것이 수학 질문수업입니다.

수학 질문수업은 단순합니다. 짝과 질문하고 대화하면서 협력하고 문제를 해결합니다. 짝대화 과정에서 배움이 연결되고 피드백을 받습니다. 짝과의 상호작용으로 다른 이들에 대한 포용성이 생겨납니다. 스스로 학습한 것을 정리하는 과정에서 성찰하는 경험도 얻게 됩니다. 수학 질문수업은 수업 시간에 즐겁고 의미 있게 참여하다 보니 학업성취도가 높아지는 결과를 가져옵니다.

이제 수학 질문수업의 비법을 공개하려고 합니다. 내용을 찬찬히 따라가다 보면 언제든지 수업에 적용하실 수 있습니다. 첫 장을 열고 그 비법을 가져가시길 바랍니다. 고맙습니다.

2023년 11월

양경윤

수학 질문수업을 만나다

자연수의 혼합계산 참관기 개봉박두!

초롱 샘

수진 선생님. 저는 하브루타 질문수업을 만나고 도덕이나 국어 수업에 적용하고 있어요. 그런데 요즘 수학 수업 때문에 고민이 많아요. 열심히 준비하는데 왜 학생들은 제 설명을 이해하지 못하는지 답답하기만 해요. 지난번 수석 선생님 강의에서 수진 선생님 반 학생들의 수학 공책을 보았어요. 수학 공책이 무려 다섯 권이나 붙어 있더라고요. 너무 놀랐어요. 일 년 동안의 수학 수업이 쫙 펼쳐지는 기분이라고 할까요? 저도 너무 해 보고 싶다는 열망은 있지만 도대체 어디서부터 시작해야 할지 막막해요. 어떻게 시작하면 좋을까요?

수진 샘

저는 2020년 양경윤 수석 선생님과 같이 근무하면서 하브루타 수업, 일명 교실 질문수업이라고 불리는 수업 형태를 배우게 되었어요. 덕분에 도덕, 국어, 사회, 과학 교과에 일부분 적용하고 있었답니다. 그런데 수학 교과만은 아예 질문수업을 적용하지 못하고 있었어요. 수학책 속에 담긴 개념을 설명하고 가르치고 수학익힘책까지 문제 풀이를 하려니 항상 시간이 모자랐거든요.

그런데 다른 학년 선생님들은 수학 교과를 질문수업으로 컨설팅받고 있다는 소식을 들었어요. 그 당시 학년은 달랐지만 궁금함을 참지 못하고 달려가서 참관했답니다. 그랬더니 와, 이런 신세계가! 그다음 해 5학년을 맡으면서 수석 선생님을 조르다시피 하여 일 년 동안 수학 질문수업을 진행하게 되었어요.

수학 질문수업을 처음 접하는 초롱 선생님께 제가 받은 수업 컨설팅 이야기를 들려드리고 싶네요. 제 수업 참관기가 시작하는 초롱 선생님께 도움이 되면 좋겠어요. 1단원 자연수의 혼합계산 수업 참관기를 들려드릴게요.

1

수학 수업 시간 맞아?

2 + − 3 × 1 ÷

수학 질문수업 참관기를 본격적으로 이야기하기 전에 제가 수학 질문수업 컨설팅을 꼭 받아야겠다고 결심하게 만든 6학년 수학 수업 장면을 이야기해 볼게요. 초롱 선생님도 그 교실의 소리, 분위기를 느껴 보시길 바라요.

진짜 신기했어요! 교실 문을 열기도 전에 교실 밖으로 시끄러운 소리가 들렸어요. 문을 여니 떠드는 소리에 귀가 아플 지경이었답니다. '6학년 학생들이 이렇게 이야기를 잘하는 학생들이었나? 수업 시간에 짝대화로 이렇게 신나게 떠들 수 있다니!' 그 시끄러움은 학생들이 배움에 몰입되어 있기 때문이라는 걸 바로 알 수 있었습니다. 그냥 노는 시간에 떠드는 형태와는 분명히 달랐거든요. 두 명씩 서로를 쳐다보고 열심히 뭔가를 말하고 있었으니까요. 진짜 신기한 것은 학생들이 반짝반짝 살아 있는 겁니다. 단 한 명도 빠짐없이.

책상 위를 보니 교과서도 보이지 않고 딸랑 공책과 연필, 지우개 정도만 있었지요. 순간 '수학 수업 맞나?' 의구심이 들었지만 수석 선생님이라면 그럴 수 있겠다 싶었습니다. 다른 교과 수업에서도 공책, 연필, 지우개만 있는 경우가 대부분이거든요. 하지만 수학책과 수학 익힘책이 없다면 학습지라도 있을 줄 알았는데 그것도 없었어요. 그저 공책만 있을 뿐이었습니다.

학생들이 공책에 뭔가를 적더니 벌떡 일어나 자리를 바꾸었습니다. 그러더니 또 열심히 짝이랑 떠드는 거예요. 질문수업에서 2인 1조의 짝대화는 기본 형태지요. 딱 그 기본 형태만으로 움직이고 있었어요. 짝과 도대체 무슨 이야기를 이렇게 열심히 하고 있을까 싶어 학생들 가까이 가서 뭐라고 말하는지 들어 보았습니다.

"음… 음… 그러니까, 1에 3을 곱하면 3이 되잖아. 그러니까, 음… 2에다가도 3을 곱한 거겠지? 하하하."

'이건 또 뭐지? 알지도 못하고 그냥 떠들고 있는 거였어? 비율의 의미도 모르고 막 떠드는 거야?'라는 생각이 들더군요. 그때 수업을 진행하는 수석 선생님께서 칠판에 질문을 하나 적으시더라고요. 그걸 학생들이 공책에 적더니 또 떠들기 시작했습니다. 첫 느낌은 막 떠드는 것 같았어요. 물론 지금은 알지요. 그것이 학생들의 학습 대화라는 걸요.

놀라지 마세요.

수업을 마치고 본 학생들의 공책, 그것은 흡사 마법 공책 같았어요. 그 안에는 40분 수업 동안 학생들이 떠들면서 배웠던 내용이 가득했습니다. 다른 교과에서도 질문수업은 이러한 현상이 나오지요. 교사는 칠판에 쓴 게 별로 없는데 학생들의 공책은 가득 차는 현상. 〈비와 비율〉은 학생들이 참 어려워하는 영역인데, 정확히 이해하게 된 것을 공책에서 알 수 있었습니다. 그냥 떠든 것이 아니었습니다. 배움이 어떻게 일어난 걸까요? 수학 수업이 너무 즐겁고 행복하다고, 수학이 제일 재미있다고 말하는 학생들의 모습도 신기했습니다.

교사는 뭘 했을까요? 분명 중간중간 설명을 하는 듯했지만 주로 질문을 던지고 학생들에게 말해 보라고 했어요. 그리고 학생들이 대화할 때 한 번씩 옆에 가서 듣는 것 같았지만, 거의 교실 중앙에 서 있는 느낌이라고 해야 할까요? 솔직히 좀 설렁설렁 다니는 느낌이었어요. 교사는 굉장히 편안하고 여유롭고 학생들은 진짜 열심히 공부하고 있는 모습, 학생들이 정말 바쁘게 공부한다는 생각이 드는 수업이었어요.

제가 본 수학 질문수업의 첫 모습입니다. 장면이 그려지시나요? 마치 유대인의 하브루타 모습 혹은 이스라엘 예시바 도서관의 모습이었습니다.

2

질문수업 시작은 질문이 아니었어!

3 × 1
2 − + ÷

배려를 위한 책상 정리

드디어 수석 선생님의 수학 질문수업 컨설팅 시작 첫날입니다. 두근두근. 수업을 받는 학생들보다 참관하는 제 심장이 더 크게 울리는 것 같았습니다. 당연히 시작은 "교과서를 펴자. 수학익힘책 펴고" 이럴 줄 알았거든요. 그런데 아니었어요. 수업 처음에 뭐부터 했을까요? 맞춰 보시라!

"수업 시간에 자리 이동이 있을 예정입니다. 친구들을 위해 책상을 깔끔하게 정리해 봅시다. 시간은 1분 줄게요. 시작!"

바로 책상 위 정리하기였습니다. 반응은 어땠을까요? 학생들은 '1분 동안의 정리'를 놀이로 생각했습니다. 어떻게 학생들이 정리를 놀이로 생각했을까요? 제한 시간 때문일까요? 타이머를 화면에 보여 주지 않으니 오로지 시간의 흐름을 몸으로 느낄 수밖에 없는, 그래서 긴장감이 주는 재미라고나 할까요?

평소 우리 반 학생 중 몇몇의 책상 주변은 정말 어지럽답니다. 책들이 찢어지고 엉망진창인 건 말할 것도 없고요. 수업 시간에 제때 책을 펼치는 법도 없지요. 수석 선생님은 그 학생들의 특성을 잘 모르시기에 제가 다가가서 정리해 주고 싶은 욕구가 올라왔어요. 그러나 수석 선생님이 수업을 진행하는 동안 담임선생님은 학생들 옆에 와서 도움을 주지 말라고 수업 전에 신신당부하셨기에 그냥 지켜보기로 했습니다.

"선생님이 도와줄까?"

책상 위가 엉망인 학생에게 다가가 수석 선생님이 한마디 하시고는 그 학생의 책상을 정리하기 시작했습니다. "책 펴라, 공책 펴라" 등의 잔소리는 하지 않으셨어요.

"제가 할게요."

평소 책 펴라는 소리에 반응조차 하지 않는 학생인데, 스스로 책상 정리를 시작했습니다. '아! 책상 위 정리, 이 사소함이 수업의 차이를 만드는 것이구나. 누군가를 질타하는 것으로 수업을 시작하면 안 되는구나.' 학생들이 수업 시간에 자, 가위, 풀, 테이프 등을 꺼내서 꼼지락거릴 때 마음이 불편해서 신경 쓰였습니다. 그럴 때마다 잔소리하면서 지적하는 게 제 방법이었어요. 처음부터 그런 일이 없도록 정리하면 되는 건데, 하물며 그 시간은 단 1분밖에 걸리지 않았다는 사실을 깨달았습니다. 그것도 한 명도 얼굴을 찌푸리지 않고 말이에요.

다시 생각해 보니 중요한 건 교사의 말이었어요. 다른 관점의 말이었습니다. 책상 정리가 배려라고, 학생들은 자신의 책상 정리가 누군가에게 배려가 되고 봉사가 된다는 생각 때문이었는지 정말 순식간에 정리했습니다. 저는 왜 "선생님이 도와줄까?"라는 한마디를 여태 못했는지 반성과 동시에 다음 수업 시간에 적용해 보리라 다짐하면서 밑줄 쫙!

공책 줄 긋기 놀이

1분의 책상 정리가 끝났으니 이제 본격적으로 수업에 들어갈 거라고 기대했지만 이번에도 아니었습니다.

"공책 줄 긋기 놀이를 시작할게요. 최대한 많이 긋는 것도 중요하지만 3cm 간격을 정확하고 반듯하게 긋는 것이 더 중요해요. 시간은 3분이고요. 시작!"

학생들은 순식간에 줄을 긋기 시작했습니다. 뭐지? 제한 시간은 3분인데 이번에도 역시 TV나 칠판에 타이머를 부착하지 않았어요. 1분 책상 정리에서도 타이머는 보여 주지 않았거든요. 왜 학생들에게 제한 시간을 보여 주지 않으시는지 너무도 궁금했습니다. 저는 평소 타이머를 칠판에 붙여 두고 보여 주는 편이거든요. 그래서 그 이유를 여쭤보았답니다.

- 타이머가 보이면 숫자에 신경이 쓰여 활동이 방해된다.
- 타이머가 보이지 않아야 활동에 몰입하게 된다.

아하! 그동안 칠판에 부착하는 타이머를 사용하면서 학생들이 활동보다는 타이머를 더 본다는 생각을 하곤 했습니다. 하지만 다른 선생님들이 그렇게 사용하고 있으니 저도 그렇게 해도 된다고 생각했거든요. 조금 귀찮더라도 손 타이머나 시계 타이머를 활용해야 하는 이유를 알았습니다. 이건 학습자의 몰입을 위한 일이었습니다.

또한 이 공책 줄 긋기는 수업 시간에 매번 줄을 긋는 행위가 수업에 방해가 될 수 있으니 사전에 준비하는 것이라고 했습니다. 아, 그렇구나. 매시간 학생들에게 잔소리할 것이 아니라 이렇게 준비하도록 해야 하는 거였네요.

공책 사용법

드디어 수업에 들어갔을까요? 역시 아니었어요. 이번에는 공책 사용법, 스토리텔링으로 상상 놀이를 시작했습니다.

"눈을 감고 상상 놀이를 해 보겠습니다. 편안하게 앉아서 선생님이 하는 이야기를 듣고 상상해 보세요."

우리는 두 개의 냉장고를 가지고 있어요. 첫 번째는 검은 비닐봉지가 가득 찬 냉장고, 두 번째는 투명한 그릇에 음식물이 잘 담겨 정리된 냉장고입니다. 이 두 냉장고에서 딸기를 꺼낼 예정이에요. 첫 번째 냉장고에서 딸기를 꺼내 주세요. 하나의 검은 비닐봉지를 열어 보니 어머나, 김치였네요. (으악) 다시 다른 비닐봉지를 꺼내 봐요. 이번에는? 된장이었어요. (으, 냄새) 또 다른 비닐봉지를 여니 드디어 딸기가 나오네요. 이제는 두 번째 냉장고 문을 열어 보아요. 투명한 그릇에 음식물이 담긴 것이 보이지요. 딸기가 보이나요? (네) 두 번째 선반에 있어요. 꺼내 보세요. 자, 여러분은 어떤 냉장고를 가지고 싶나요? (두 번째 냉장고요)

수석 선생님의 스토리텔링에 맞추어 상상하는 우리 반 학생들의 얼굴을 보았습니다. 두 번째 냉장고를 상상하며 미소 짓고 있었습니다. 제가 그렇게 가르치고 싶어 하던 것을 그냥 배우고 있는 느낌이라고 할까요? 직접적으로 말하지 않고 가르치는 것이 이런 걸까요?

공책을 깔끔하게 쓰는 것은 수학 수업 내내 일관되게 지켜야 할 원칙입니다. 줄 띄우기, 분수 쓰기, 소인수분해 쓰기, 문장제 쓰는 법 등 공책 사용법을 다양하고 세심하게 알려 줍니다. 이 과정이 빠진 것과 들어간 것의 차이는 실로 엄청납니다. 1년 동안 다섯 권의 공책을 쓰면서 학생들이 한결같이 작성할 수 있었던 것은 수업 첫 시간에 공책 사용법을 안내한 덕분일 겁니다.

또한 수석 선생님은 수업을 진행하는 동안 학생들의 글자 크기나 위치에 개별적인 피드백을 해 주셨습니다. 개미 글자는 강아지 정도로 크기를 키우자거나 코끼리 글자는 좀 더 작게 쓰자는 식으로요. 맞춤형 피드백 덕에 학생들의 공책에서 변화를 느낄 수 있었습니다. 평소 너무 작은 크기로 글자를 쓰던 학생의 글자가 커졌는데 그와 동시에 학습에 대한 자신감도 생겨남을 알 수 있었습니다.

공책 사용법은 비단 수학 시간에만 적용되는 것이 아닙니다. 우리 반은 이후 모든 교과에 적용하기 시작했습니다. 수업을 대하는 태도, 그것을 공책 사용법에서 저절로 익히게 되었다고 해도 과언이 아닙니다. 이제 저는 모든 수업을 즐거운 상상으로 배우는 공책 사용법으로 시작하게 되었습니다.

수학 공책 영상

3

교과서를 소리 내어 읽다

3 × 1
2 − + ÷

떠드는 수학, 읽는 수학

드디어 책을 펼쳤습니다.

"지금부터 떠드는 수학 공부를 할 겁니다. 먼저 교과서를 소리 내어 읽겠습니다."

수학 1단원 전체를 읽는다니, 충격에 충격이었습니다. 교사가 다른 교과서는 읽게 해도 유독 읽히지 않는 게 수학 교과서가 아닌가요? 물론 학생들에게 문제를 소리 내어 읽으라고 한 적은 있었습니다. 그런데 교과서의 말풍선까지 읽다니요. 그런 적은 이제껏 단 한 번도 없었지요. 교사인 저뿐만 아니라 학생들도 놀란 것 같았습니다. 그런데 시도해 본 적 없는 새로운 방법을 다들 재밌어했습니다.

"첫 번째 짝과 24~27쪽까지 5분 동안 읽고 질문을 만들어 주세요."

다시 말하지만, 수학책을 읽는다는 말에 저는 폭탄을 맞은 것 같은 기분이었어요. 아이들이 이렇게 흥미롭게 책을 읽고, 질문을 만들고, 호기심 자극이 된다는 것이 너무도 신기할 따름이었습니다. 수석 선생님의 '책 읽고 질문 만들기'를 간단히 요약해 볼게요.

① 짝과 한 문장씩 번갈아 가며 읽기

② 아나운서처럼 또박또박 읽기

③ 짝과 함께 질문 만들고 쓰기

먼저 짝과 한 문장씩 번갈아 가면서 읽습니다. 교과서의 모든 문장을 시의 행간을 음미하듯 꼼꼼히 읽어야 해요. 장난스럽게 또는 랩처럼 너무 빨리 읽는 것을 예방하기 위해 아나운서처럼 또박또박 읽도록 안내합니다. 이때 수학책에 나오는 수학 기호도 소리 내서 읽어야 해요. 그리고 짝과 함께 궁금한 것을 질문으로 만들어요.

까만놀이, 따로 또 같이

①~②번 활동, 짝과 정해진 범위의 교과서를 읽고 나면 ③번, 짝과 함께 질문을 만드는 활동을 합니다. 짝과 함께하는 수다 타임이지요. 수다를 떠는 것처럼 편안하게 학생들이 궁금함을 입 밖으로 꺼내는 과정입니다. 그저 입 밖으로 말만 꺼내면 됩니다. 이 과정에서 자연스

럽게 짝이 듣고 반응하게 되고, 짝의 질문이 마중물이 되어 다양한 질문들이 나오게 됩니다.

짝과 함께 만든 질문 중에 마음에 드는 게 있다면 공책에 씁니다. 꼭 대화를 종료한 후에 쓰는 것은 아닙니다. 대화 도중 나온 좋은 질문은 바로바로 공책에 쓰기도 합니다. 또한 자신이 생각한 질문을 쓰지 않아도 괜찮습니다. 친구의 질문을 따라 써도 됩니다.

처음에는 질문을 만들라고 하니 학생들이 수학 시험 문제를 자꾸만 만들려고 했지요. 수석 선생님은 "읽으면서 떠오르는 궁금함을 찾아보세요"라고 슬쩍 알려 주시더군요. 교사인 저 역시도 수학 질문이라고 하면 수학 시험 문제를 낼 것 같더라고요.

나중에 공책을 살펴보니 엉뚱한 질문들이 많아서 웃었습니다. "도자기 수업은 왜 무료일까? 철수는 왜 투호 놀이를 선택했을까?" 등 학습 내용과 상관없어 보이는 게 더 많았습니다. 이런 질문들이 수학 수업에 효과적일지 시작부터 걱정이 되기도 했습니다. 이 모든 질문을 실제 수업 때 활용할 것은 아니라고 하는데, 그냥 두어도 되는지 참관하는 내내 궁금함이 밀려왔습니다.

새로운 짝과 함께

여기까지 했으면 짝을 바꿀 차례입니다.

"자리를 이동하여 두 번째 짝과 함께 활동하겠습니다. 징검다리 이동으로 오른쪽 짝이 이동해 주세요. 이번에는 28~31쪽이고 시간은 5

분입니다."

짝에게 고맙다고 인사를 하고 다음 짝을 만나러 갑니다. 다음 짝을 만나면 처음과 같은 방법으로 한 문장씩 번갈아 가며 읽고 질문을 만들고 공책에 쓰는 과정을 진행합니다. 즉 위의 ①~③을 활동한 후 짝을 바꾸어서 또다시 아래 ①~④를 진행합니다.

① 자리를 이동하여 짝과 인사하기

② 새로운 짝과 한 문장씩 번갈아 가며 읽기

③ 아나운서처럼 또박또박 읽기

④ 짝과 함께 질문 만들고 쓰기

이 과정을 서너 번 반복하면 대단원 읽기가 끝납니다. 한 시간 수업도 끝이 납니다. 학생들끼리 주고받으며 이 단원에서 무엇을 배울지 알게 되는 시간, 이것이 바로 '단원 개관 까만놀이'입니다.

이 단원 개관 까만놀이는 질문수업의 핵심 비법이지요. 다른 교과에서 똑같이 적용하는 방법으로, 수학 교과에서도 마찬가지로 적용되고 있었습니다. 수석 선생님의 질문수업을 처음 접하는 분들에게 꼭 권하는 방법 중 하나입니다. 저는 이미 다른 교과에서 많이 적용했던 방법이었는데, 수학 교과에서는 이 방법을 적용해 볼 생각조차 하지 않았어요. 그래서 앞서 폭탄 맞은 기분이라고 한 것입니다. 결국 질문수업의 적용 원리는 어떤 교과에서나 같다는 사실을 다시금 느끼게 되었습니다.

다른 교과에서 적용할 때와 마찬가지로 첫 번째 짝과는 질문을 꺼내는 속도가 느립니다. 그러나 짝을 바꿀수록 익숙해져서 속도도 빨라지고 학습에 몰입하는 모습을 보게 되었습니다. 단원 개관 까만놀이의 팁을 한 가지 드리자면 학생마다 책 읽는 속도나 질문을 쓰는 속도가 달라서 미처 질문을 다 적지 못한 학생이 있을 수 있습니다. 그런 학생을 위해 처음 자신의 자리로 돌아가 원래 짝과 공책을 나누며 빈칸을 채울 기회를 주면 됩니다.

질문 두 개 골라 별표 치기

교과서를 다 읽고 질문 만들기가 완료되면 학생들은 자신이 만든 질문 중에서 다른 사람과 공유하고 싶은 것을 두 개만 골라서 별표를 칩니다. 학생들은 어떤 것을 고를까요? 학습 내용과 핵심 단어에 딱 들어맞는 질문은 아니더라도 보통 그 단원에서 배울 법한 질문들을 선택하는 경향이 높았습니다. 물론 짝과 함께 질문을 만들며 학습 내용과는 조금 무관하거나 정말 쓸데없는 질문을 만들기도 했습니다. 하지만 그중에서 몇 개만 고르는 상황이 되자 학습에 적합한 질문을 찾아냈습니다. 이 과정을 통해 학생들은 이 단원에서 배워야 하는 것이 무엇인지 자연스레 생각하게 되는 것이 아닐까요?

배움 글쓰기, 수업 성찰

중요한 질문까지 표시해 보았다면 마지막은 배움 글쓰기로 자기 생각을 정리했습니다. 수석 선생님은 학생들에게 교과서를 읽고 친구와 이야기 나누면서 알게 된 것과 배운 점 등을 일기 쓰듯이 편하게 쓰라고 하셨습니다. 수업을 마치고 학생들의 핵심 단어 다섯 개 쓰기와 배움 글쓰기의 내용을 보고 놀랐습니다.

'아! 그동안 교사인 나 혼자 공부하고 있었구나. 교사인 나만 맨날 목 아프고 학생들은 그냥 듣기만 하는 수업을 했구나! 마치 재미없는 TV 프로그램을 틀어 놨는데 아빠가 못 돌리게 하는 것 같은. 그래서

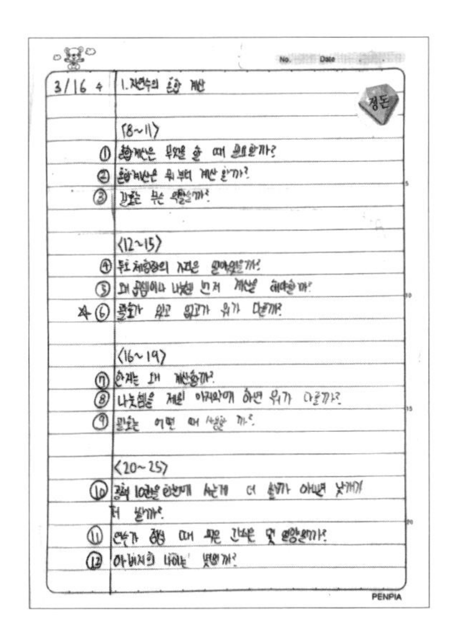

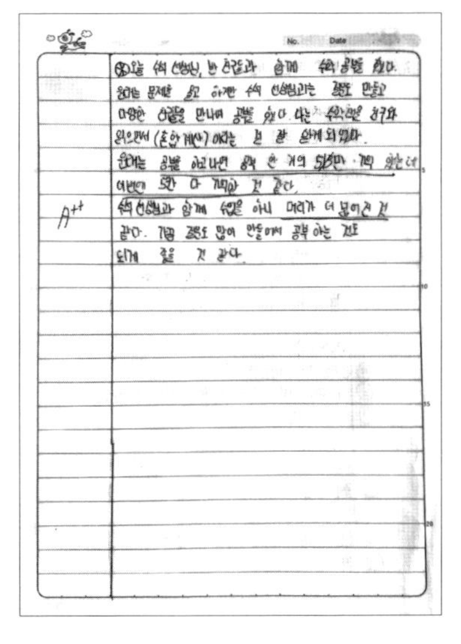

자연수의 혼합계산 단원 개관 공책

지루하고 잠 오는데 어쩔 수 없이 보고 있어야 하는 것 같은. 그동안 나는 이런 수업을 해 왔던 게 아닐까?'

평소 제가 목이 터져라 했던 말을 하고 하고 또 할 필요가 없었습니다. 학생들이 책을 읽고 질문을 만드는 동안 1단원 자연수의 혼합계산 원리를 다 알아 버렸다는 느낌이 들었습니다. 짝과 질문을 만들면서 스스로 학습이 일어나고, 질문을 쓰면서 내가 뭘 배워야 할지를 안 것이지요. 그리고 중요한 개념과 원리를 파악하고 자신도 모르게 외워 버렸다는 것을 알 수 있었습니다.

4

학습 방법 패턴화하기

교과서를 덮고 공책으로

단원 개관이 끝났으니 본격적인 수학 학습으로 들어가는 시간입니다. 지난 시간 교과서 읽기로 충격을 받은 이후 새로운 수학 수업을 기대하고 있었습니다. 왠지 기존 수업과는 다를 것 같다는 느낌과 설렘, 약간의 긴장감이 감돌았지요. 역시나 생각지도 않은 일이 벌어졌어요.

"이번 시간은 교과서를 안 씁니다. 책상 서랍 안에 교과서를 넣고 공책, 연필, 지우개만 준비해 주세요."

듣자마자 다양한 생각이 들었습니다. '학생들이 교과서를 쓰지 않는다고? 수학 수업 시간에 교과서를 쓰지 않고 오로지 공책만 쓴다고? 분명 이번 시간은 연차시 수업으로 두 시간을 한다고 했는데, 학생들이 너무 힘들지 않을까? 수업량이 많은데 교과서 없이 가능할까? 교과서 없이 새로운 것을 구상해서 하는 건 부담스럽지 않나?'

이런 저의 고민과 달리 학생들은 신나 보였습니다. 수학책, 수학익힘책, 공책까지 있어서 복잡했는데 책상 위가 아주 간결해졌어요. 제 궁금함은 더 커졌습니다.

수석 선생님은 칠판에 '식의 순서'라고 썼어요. 그러자 학생들도 공책에 따라 썼습니다. 교과서의 흐름을 보자면 1차시는 '덧셈과 뺄셈이 섞여 있는 식의 순서를 알고 계산하기'인데 식의 순서를 다 배우려고 하시나 하는 궁금증과 함께 수업이 시작되었어요.

탐색하기

"영어 공부할 때 영어로 말하기 연습을 하는 것처럼 수학도 수학의 언어를 배워야 하므로 수학 언어 말하기로 공부할 거예요. 수학 언어로 신나게 떠들면서 공부해 봅시다."

수학 언어가 뭘까요? 셈식이나 기호, 이런 걸 말하기로 한다는 의미일까요? 저도 학생들도 고개를 갸우뚱했습니다. 말하기로 수학 문제를 푼다고 생각하니 신기하기도 했습니다.

Q1. ① 31-12+8

"자, 문제를 소리 내어 읽어 보세요."

"삼십일 빼기 십이 더하기 팔."

"어떤 셈식이 있나요?"

"더하기와 빼기요."

"셈식으로 설명할 때는 더하기 대신 덧셈으로, 빼기 대신 뺄셈으로 표현하기로 해요. 이 문제는 덧셈과 뺄셈이 섞여 있는 식이랍니다."

사실 평균적인 5학년 학생이라면 위의 문제를 풀지 못하는 아이는 거의 없습니다. 저라면 이런 질문을 하지 않고 바로 계산하여 답을 요구했을 겁니다. 그런데 수석 선생님은 계산을 하지 않고 셈식이 무엇인지부터 살펴보셨습니다.

'이 정도 문제는 그냥 학생들이 혼자 풀어도 되는데. 학생 스스로 해결해야 하는 것 아닐까?'

약간 답답함이 느껴지기도 한 순간이었습니다. 그런데 공책에 쓰고, 셈식을 확인하는 탐색 과정은 학습 부진 학생들에게는 특히나 유용합니다. 또한 잘못된 선행 학습을 한 학생들에게도 꼭 필요한 과정이라고 합니다.

수학 언어 말하기

"31-12+8은 어떻게 계산해야 하는지 설명해 보세요."

"순서대로 풀면 돼요. 31에서 12를 빼고 8을 더하면 돼요."

"그것을 셈식을 넣어서 말해 보세요."

"음…"

"따라 말해 볼까요? 덧셈과 뺄셈이 섞여 있는 식은 앞에서부터 순서대로 계산한다."

"덧셈과 뺄셈이 섞여 있는 식은 앞에서부터 순서대로 계산한다."

학생들은 앵무새처럼 수석 선생님의 말을 그대로 따라 하고 짝과 반복 연습도 했습니다. 마치 영어 공부를 하듯 수학 셈식 말하기 연습을 한 것이지요.

셈식 기록하기

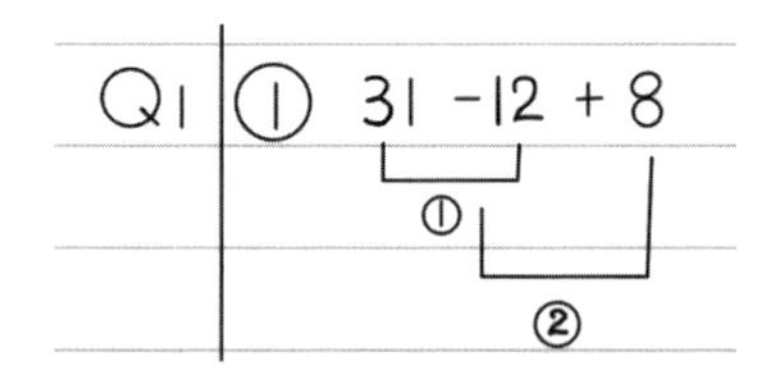

이어서 덧셈, 뺄셈, 괄호가 있는 식의 계산 순서 번호 매기기를 진행했습니다. 도식화 방법을 설명하지 않고 학생들이 먼저 스스로 해 보게 했습니다. 생각보다 쉽게 작성하기도 했지만 한두 명의 학생은 아래와 같이 작성하는 모습도 보였습니다.

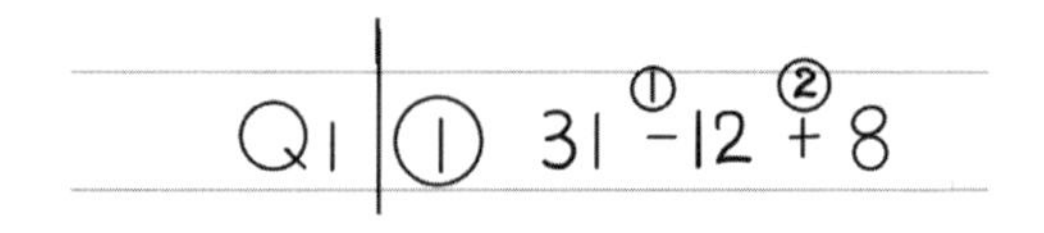

스스로 해 보기 다음은 짝과 함께 살펴보는 단계로 짝이 확인하는 과정에서 오류를 가진 학생은 스스로 수정을 했습니다. 재미있는 현

상은 바르게 표기한 학생이 잘못 표기한 학생 것을 보고 고치는 경우도 있었습니다. 참관하던 제가 고쳐 주고 싶은 마음이 굴뚝같았지만 참았습니다. 그런데 걱정할 필요가 전혀 없었습니다. 이후에 수석 선생님이 칠판에 정확한 것을 제시해 주셨습니다.

이 과정에서 중요한 교수법을 발견하게 되었습니다. 스스로 해 보기, 짝과 피드백하기, 그다음 교사가 알려 주기의 3단계 수업 구조입니다. 수학 수업 내내 이 과정을 보게 되었습니다. 스스로 해 보기 과정은 아주 짧은 시간만 주어졌습니다. 그리고 연이어 짝에게 설명하고 점검해 보는 과정이 주어졌는데 바로 그 지점이 학생들이 지루해하지 않고 학습을 연결해 가게 도와주었습니다.

짝에게 설명하면서 정확하게 알고 있던 학생은 자신감을 가지게 되었고, 잘 모르고 있던 학생은 짝으로부터 배우는 과정을 경험했습니다. 교사의 설명은 그 이후에 일어나기 때문에 학습의 반복과 교정까지 이루어지고 있었습니다. 이것이 바로 과정중심평가가 아닐까 하는 생각이 들었습니다. 학습을 하면서 바로바로 피드백이 일어날 수 있는 구조, 그것이 질문수업의 매력이 드러나는 형태라는 생각이 들었습니다.

하브루타 수업, 질문수업의 기본은 '질문과 대화'입니다. 질문과 대화가 필요한 이유는 자신이 아는지 모르는지 스스로 알게 하기 위함입니다. 3분 내외의 시간에 이러한 세 가지를 요소를 모두 포함하여 수업이 이루어집니다.

계산하기

이제야 실제로 계산을 시작했습니다. 이번에도 역시 스스로 해 보기, 짝에게 설명하기, 그다음 교사가 알려 주기, 3단계로 진행되었습니다. 이 간단한 계산에 꼭 이런 과정을 거쳐야 할까 하는 의문도 들었습니다. 학생들은 간단한 문제여서 그런지 너무도 쉽게 계산을 해서 적었습니다.

"정답이 뭐죠?"

"정답은 27이에요."

"맞아요. 지금부터 선생님이 계산식을 쓸게요. 자신이 쓴 것과 짝이 쓴 것을 비교해 보세요."

학생들은 등호(=)가 있는 식에서 자신이 계산한 ①번의 값만 작성하게 되는 경우(그림2)가 종종 있습니다. 분명 등호는 모두 값이 같아야 합니다. 그런데 학생들은 이것을 잘못 적을 때가 많았습니다. 매번

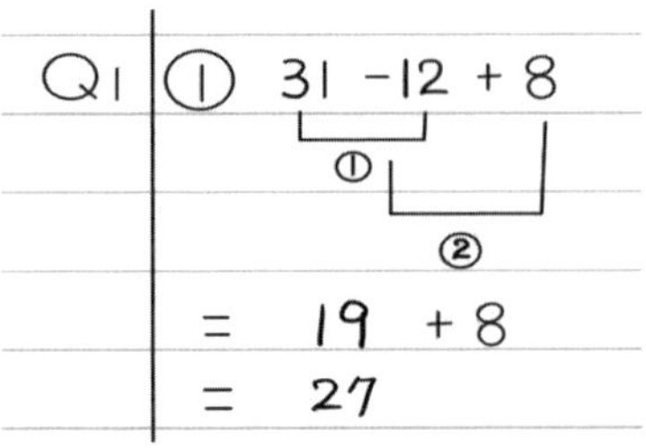

Q1 ① 31 − 12 + 8
①
②
= 19 + 8
= 27

[그림1] 교사가 제시한 계산 과정

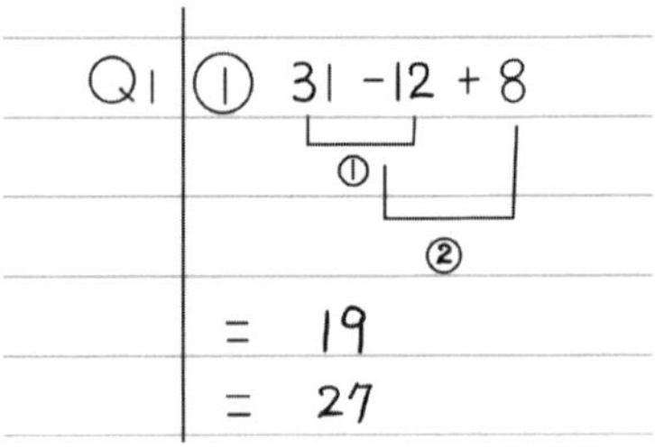

Q1 ① 31 − 12 + 8
①
②
= 19
= 27

[그림2] 학생이 잘못 쓴 계산 과정

양쪽의 값이 같아야 한다고 설명하지만, 그 다음번에도 제대로 셈식을 써 오지 않는 경우가 생각보다 많았습니다. 학생들에게 여러 번 가르쳐 주면서 제대로 해야 한다고 살짝 다그치기도 했었습니다. 그런데 놀랍게도 이 짧은 시간에 학생들은 교사의 가르침 없이 스스로 편안하게 수정하고 배우고 있었습니다.

셈식 도식화, 계산하기에서도 혼자 풀기, 짝과 함께 풀기, 교사의 풀이 알려 주기 과정을 통해 학생 스스로 발견하고 스스로 수정할 기회를 주고 있었습니다. 무엇보다도 이 과정의 소요 시간이 생각보다 짧았다는 것이 놀라웠습니다. 과정중심평가나 피드백과 같은 이야기를 많이 들어 오고 있었지만 이거야말로 학습 과정에서 평가가 이루어지고 자연스럽게 수정·보완하는 것이 아닐까요?

1단계: 혼자 계산해 보기_안다 모른다 메타인지 과정

2단계: 짝이랑 살펴보기_짝 피드백

3단계: 교사가 안내하고 수정하도록 도와주기_교사 피드백

연산 영역 학습의 패턴화

탐색하기, 말하기, 기록하기, 계산하기 4단계가 아주 천천히 흘러가는 느낌이었습니다. 그건 문제가 너무 쉽기 때문에 굳이 할 필요가 없다는 생각 때문이었을까요? 실제 소요 시간은 Q1의 ①번 문제가 어려운 것이 아니었기에 얼마 걸리지도 않았습니다. 그런데 이후부터

학습은 가속도가 붙기 시작했습니다.

Q1. ② 31-(12+8)

②번 문제 역시 마찬가지입니다. 공책에 문제를 적고 셈식을 살펴보고 교사가 질문합니다.

"(탐색하기) 괄호가 있는 식은 어떻게 할까요?"

"괄호부터 계산해요."

학생들이 아주 쉽게 설명했습니다. 선행 학습 때문만은 아닐 것입니다. 이미 '단원 개관 까만놀이'에서 교과서를 읽고 질문을 만들면서 학습이 되었기 때문입니다.

"(수학 언어 말하기) 그렇다면 셈식으로 말해 볼까요?"

"덧셈 뺄셈이 있는 섞여 있는 식은 순서대로 계산한다. 단, 괄호가 있을 때는 괄호부터 먼저 계산한다."

셈식을 설명하는 말이 학생들의 입에서 술술 나오기 시작했습니다. 두어 번 반복해서 말하게 했습니다.

"(셈식 기록하기) 이제 셈식 순서를 기록해 주세요."

수석 선생님의 한마디에 학생들은 스스로 순서를 기록하고 바로 짝과 서로 확인했습니다. 학생들의 모습을 보고 있으니 틀린 학생에게 짝이 알려 주고 있는 모습들이 눈에 띄었습니다. 교사가 칠판에 제시하고 정확한지 한 번 더 확인했습니다.

“(계산하기) 이번에는 등호를 잘 생각하면서 계산해 보고, 짝이 확인해 주세요.”

학생들의 계산이 끝나길 기다려 칠판에 계산하고 확인하는 과정을 거쳤습니다.

이후 단계가 올라갈 때마다 새로운 짝과 같은 패턴을 반복했습니다. 뒤로 갈수록 어려운 문제들입니다. 그런데 소요 시간은 그리 차이가 나지 않았습니다. 갈수록 학생들의 셈식 말하기는 유창함을 더해갔습니다. 유창함이 더해질수록 셈식 계산에 대한 두려움이 줄어들고 신이 난 모습이었습니다.

Q2. 곱셈, 나눗셈이 섞여 있는 식

Q3. 덧셈, 뺄셈, 나눗셈이 섞여 있는 식

Q4. 덧셈, 뺄셈, 곱셈이 섞여 있는 식

Q5. 덧셈, 뺄셈, 곱셈, 나눗셈이 섞여 있는 식

1단원에서 배워야 할 셈식들이 섞여 있는 혼합계산을 두 시간 만에 다 배워 버렸습니다. 공책 두 바닥을 가득 메우고 수업이 끝이 났습니다. 두 시간 동안 학생들의 몰입 상태를 보게 되었습니다. 우리는 무엇을 해야 할지 알면 마음이 편합니다. 학생들이 자주 하는 말이 있습니다.

“선생님, 다 했는데요. 이제 뭐해요?”

패턴화를 알면 이런 말을 들을 가능성이 작아집니다. 왜냐하면 학생들이 다음 단계로 뭘 할지 알고 있기 때문입니다. 그래서 패턴화가 중요하다는 느낌을 받게 된 수업이었습니다.

평소 계산 속도가 빠른 학생과 느린 학생, 선생님의 설명을 바로 이해하는 학생과 이해하는 데 시간이 오래 걸리는 학생들로 인해 수준별로 나누어야 하나 고민할 때가 많았습니다. 그런데 이 방법은 우리 반 수학 부진 학생들도 즐겁고 행복하게 참여했습니다.

잘하는 학생들도 평소 문제만 풀 때와는 다르게 입 밖으로 말하는 과정을 즐거워했습니다. 또 계산이 서툰 친구에게 친절하게 가르쳐 주는 기회까지 얻었으니 더 행복하지 않았을까요? 수학 부진 학생들은 짧은 학습과 바로 이어지는 피드백 구조 덕분에 배우면서 한 발 한 발 나아갈 수 있게 되었습니다. 그래서인지 한 명의 낙오자도 생기지 않고 짝과 함께 발맞추어 다음 단계로 스스로 진입하게 되었습니다.

여기서 오해를 좀 줄일 필요가 있어서 말씀드리자면 우리 반 학생들은 5학년에 올라올 때 수학 부진 학생이 여덟 명이나 있었습니다. 많은 선생님이 아실 겁니다. 5학년에 부진으로 올라온 학생들은 수학에 대한 흥미를 느끼기도 어렵고 성적이 오르기도 어렵습니다. 그런데 5학년 수학 첫 시간부터 학생들이 재미와 성취감을 가지고 수업에 몰입하기 시작했습니다. 우리 반 행운의 시작이었습니다.

5

해답은 반복과 확장

3 × 1
— ÷
2 +

학습의 반복

참관하던 저에게 수업할 기회가 찾아왔습니다. 수석 선생님께서는 진도를 나가는 것이 아닌 반복을 부탁하셨습니다.

'앗싸! 이건 쉽지. 수학익힘책 풀라는 말씀이구나! 수학 수업 순서는 당연히 수학책을 공부한 다음, 수학익힘책이니까.'

그런데 저번에 배운 내용을 가지고 교과서에 나오는 문제로 숫자만 바꾸어서 평가지를 만들라고 하셨습니다. 이어서 저번 시간에 배웠던 부분을 다시 한 번 소리 내어 말한 후에 문제를 풀게 하라고 안내해 주셨습니다. 앞 차시에서는 스스로 풀고, 짝과 함께 확인하고, 서로 설명하는 과정이 있었다면 이번에는 혼자서 푸는 겁니다. 열 문제를 푸는 데 얼마나 걸렸는지 스스로 체크할 수 있도록 했습니다. 학생들의 실력을 알기 위해서인데 자칫하다가는 제일 먼저 풀기 대회로 변질될 수 있었기에 그걸 예방하고자 사전 안내를 했습니다.

"빠르게 푸는 것도 중요하지만 정확하게 푸는 걸 연습하는 시간입니다."

식의 계산 순서 알아보기 / 말하며 익히기, 배운 내용 되새기기

전날 수업 시간에 열심히 대화한 덕분인지 학생들은 셈식을 술술 설명했습니다. 재미있는 놀이처럼 말하는 모습이 신기할 따름이었습니다.

Q1. +, -, ( ):

덧셈, 뺄셈이 섞여 있는 식은 차례대로 계산한다. 단, 괄호가 있는 식은 괄호부터 계산한다.

Q2. +, -, ×, ( ):

덧셈, 뺄셈, 곱셈이 섞여 있는 식은 곱셈을 먼저 계산한다. 단, 괄호가 있는 식은 괄호부터 계산한다.

Q3. ×, ÷, ( ):

곱셈과 나눗셈이 섞여 있는 식은 앞에서부터 차례대로 계산한다. 단, 괄호가 있는 식은 괄호부터 계산한다.

Q4. +, -, ÷, ( ):

덧셈, 뺄셈, 나눗셈이 섞여 있는 식은 나눗셈을 먼저 계산한다. 단, 괄호가 있는 식은 괄호부터 계산한다.

Q5. +, -, ×, ÷ ( ):

덧셈, 뺄셈, 곱셈, 나눗셈이 섞여 있는 식은 곱셈과 나눗셈을 먼저 계산한다. 단, 괄호가 있는 식은 괄호부터 계산한다.

평가지 풀기

공책에 부착할 수 있도록 평가지를 제작하여 열 문제에 보너스 문제까지 총 열한 문제를 준비했습니다. 타이머를 칠판에 부착시켜 공개적으로 틀고, 학생들은 본인 스스로 이 문제를 해결하는 시간이 얼마나 걸리는지 평가해 보았습니다.

야호, 이게 무슨 일일까요? 대부분의 학생이 10분을 넘기지 않았습니다. 공책에 시험지를 붙이고도 수업 시간이 남았어요. 교과서대로 했다면 5차시가 걸릴 건데, 3차시 만에 완료하다니 놀라웠습니다. 앞 시간 공책에 제시했던 문항들은 수학 교과서에서 가져왔고, 평가지는 수학익힘책의 문항에서 가져왔으니 수학책과 수학익힘책의 문항을 모두 학습하고도 시간이 남은 셈이었습니다.

	교과서 흐름도		질문수업 재구성	비고
			공책 사용법	
1	단원 개관	1	단원 개관: 전체 읽고 질문 만들기	학습 워밍업
2	(+)(-)이 섞여 있는 식	2~3	셈식 5단계 (수학책 문제 활용) ① (+)(-)이 섞여 있는 식 ② (×)(÷)이 섞여 있는 식 ③ (+)(-)(×)이 섞여 있는 식 ④ (+)(-)(÷)이 섞여 있는 식 ⑤ (+)(-)(×)(÷)이 섞여 있는 식	연산 학습 - 탐색하기 - 수학 언어로 말하기 - 기록하기 - 계산하기
3	(×)(÷)이 섞여 있는 식			
4	(+)(-)(×)이 섞여 있는 식	4	1~5단계의 셈식 계산하기	익히기
5	(+)(-)(÷)이 섞여 있는 식	5	덧셈, 뺄셈, 곱셈, 나눗셈 혼합계산 문제 풀기	평가
6	(+)(-)(×)(÷)이 섞여 있는 식	6	문장제 이해하고 식 순서 만들고 계산하기	학습
7	단원 확인 문제	7	문장제 이해하고 식 순서 만들고 계산하기	익히기
8	심화 도전 문제	8	확인 문제 및 심화	심화

[표1] 5학년 수학 1. 자연수의 혼합계산

6

문장제는 쪼개라

3 × 1
— ÷
2 +

문장제는 문장제끼리

5차시 분량의 셈식 계산 원리가 3차시 만에 끝났습니다. 어떻게 이렇게 진도가 빠를 수 있었던 것인지 단원 재구성 과정이 궁금해졌습니다. 수석 선생님께서 제시한 단원 재구성(표1)을 살펴보니 저절로 이해가 되었습니다. 지금까지 계산 원리만 다루었지 문장제를 다루지 않았던 겁니다. 6차시부터 문장제 수업이 따로 제시되어 있었던 것이지요.

문장제 학습을 별도 수업으로 하다니 한 번도 생각해 보지 못한 부분이었습니다. 셈식 계산을 잘하는 학생들도 문장제는 어려워합니다. 문장제가 나오면 읽기도 전에 머리 아파하면서 바로 포기하는 학생들도 많지요. 그런데 문장제를 따로 떼면 학생들은 더 어려워하지 않을까요?

그건 완전 기우였습니다. 우리 반 부진 학생이 이리도 잘하게 될 줄은 생각도 못했습니다. '나도 이렇게 배웠더라면 수학을 더 잘할 수 있지 않았을까?' 하는 생각까지 들 정도였습니다. 어떻게 된 일인지 궁금하시지요?

문장제 쓰기

2차시 셈식에서 문제를 쓰는 것처럼 수석 선생님은 문장제 문제도 칠판에 적으셨습니다. 문장제를 써 보신 분들은 다 아실 겁니다. 교사도 학생도 쓰는 건 다 싫습니다.

"공책에 써야 해요?"

학생들이 쓰기 싫은지 다시 확인했습니다. 그 마음도 이해가 되었고 혹시나 쓰는 과정을 통해 학습 흥미가 떨어지면 어쩌나 걱정도 되었습니다.

"맞아요. 대신 이번 시간에는 딱 두 문제만 할 거예요."

두 문제만 한다는 말에 아이들이 "오예!"를 외치며 바로 쓰기 시작했습니다. 정말 한 시간 수업에 고작 두 문제만 하실 건지 궁금해졌습니다.

"여러분, 공책에 문제를 적을 때 한 줄씩 띄우고 글을 작성해 주세요. 한 줄 띄우고 쓰는 건 아주 중요한 작업입니다. 짝이 공책에 한 줄씩 띄우고 쓰는지 살펴봐 주세요."

왜 한 줄을 띄우고 써야 할까요? 재미있는 현상은 학생들이 모두 짝이 한 줄을 잘 띄우고 쓰는지 서로 살펴봐 주고 있었어요. 글을 쓰는 것도 뭔가 놀이를 하는 느낌이었지요.

Q1. 20명이 탄 체험버스가 첫 번째 체험장소에서

7명이 내리고 11명이 탔다.

버스 안에 남은 사람은 몇 명입니까?

잘게 쪼개라

"이 문제를 풀기 위해서 문장을 몇 부분으로 나누면 좋을까요?"

세 부분이라는 의견과 네 부분이라는 의견으로 학생들이 갈렸습니다. 몇 부분으로 나눠야 할까요?

Q1. 20명이 탄 체험버스가 첫 번째 체험장소에서

7명이 내리고 ① / 11명이 탔다. ② /

버스 안에 남은 사람은 몇 명입니까? ③ /

세 부분으로 나누기

Q1. 20명이 탄 체험버스가 ①/ 첫 번째 체험장소에서

17명이 내리고 ②/ 11명이 탔다. ③/

버스 안에 남은 사람은 몇 명입니까? ④/

네 부분으로 나누기

이것이 바로 수학 문해력의 시작이었습니다. 문장을 해석할 수 없는 학생들은 문제가 무엇을 요구하는지 모릅니다. 이렇게 문장을 잘게 쪼개면 쉬워집니다. 그냥 단문장들의 나열이고 그것을 따라가면 됩니다. '아, 새롭다!'

한편으로 학생들에게 '이렇게 잘게 쪼개어 하나하나 다 가르쳐야 하나?'라는 의구심도 들었습니다. 하지만 수석 선생님의 질문에 학생들은 마치 퀴즈 문제를 맞히고 게임을 하듯이 배우고 있었습니다. 문장으로 된 문제는 아예 시도조차 하지 않던 학생들도 재미있는 놀이 하듯 받아들이는 느낌이었습니다. 문장제는 보기만 해도 머리가 아프다가 아니라 이 문장 속에 몇 개의 또 다른 문장이 들어 있는지 마치 숨은그림찾기를 하는 느낌이었지요.

구하고자 하는 것 찾기

수석 선생님은 학생들이 구하고자 하는 것을 찾아 밑줄 긋거나 동그라미 쳐서 표시하도록 하셨습니다. 결과적으로 찾아야 할 것, 해결

하고자 하는 것이 무엇인지 정확하게 인식하는 과정이었습니다. 이 문제에서 구하고자 하는 것은 무엇일까요? 바로 '버스 안에 남은 사람의 수'입니다.

셈식을 찾아라

다음으로 주어진 미션은 셈식 찾기입니다. "문장 속에 숨어 있는 셈식을 찾아라." 어떤 단어가 어떤 셈식이 되는지, 문장 안에 어떤 셈식이 숨어 있는지 짝과 함께 이야기하면서 찾도록 했습니다. 와! 이거였네요. 셈식을 찾아야 하는 겁니다. 학생들이 제일 어려워하는 부분이지요.

처음 제시된 문제가 5학년 수준에서는 쉬웠기 때문에 학생들이 금방 찾아서 자신 있게 말했습니다. "내리고는 뺄셈, 타고는 덧셈." 그것을 바로 공책에 표시하게 했습니다. 아하, 이것 때문에 공책 한 줄을 띄워 두었군요.

Q1. 20명이 탄 체험버스가 ① / 첫 번째 체험장소에서

17명이 내리고 ② / 11명이 탔다 ③ /

(−) (+)

버스 안에 남은 사람은 몇 명입니까? ④ /

숫자와 셈식을 연결하자

문장에 있는 숫자와 셈식을 어떤 순서로 나열할지 표시하도록 했습니다. 그리고 짝에게 설명하기, 짝과 서로 설명하기를 한 후에 수석 선생님은 칠판에 표시했습니다. 이번에도 스스로 하기, 짝에게 설명하기, 교사가 마무리 설명하기 3단계 순서는 그대로 지켜졌습니다.

Q1. 20명이 탄 체험버스가 ① 첫 번째 체험장소에서
7명이 내리고 ② 11명이 탔다. ③
-7 ㊀ +11 ㊉
버스 안에 남은 사람은 몇 명입니까? ④
구하고자 하는 값

식 쓰고 답 구하기

이제 식을 쓰는 건 식은 죽 먹기지요. 학생들에게 식을 쓴 후에는 셈식을 도식화하고 지난 시간처럼 문제를 풀고 짝에게 설명하도록 했습니다. 이 부분은 이미 학생들이 제대로 공부가 된 상태여서 순식간에 해결해 냈습니다. 답에서 구하고자 하는 값의 단위인 '명'까지 구체적으로 한 번 더 확인하고, 단위를 꼭 써야 하는 이유를 짝에게 설명하게 했습니다.

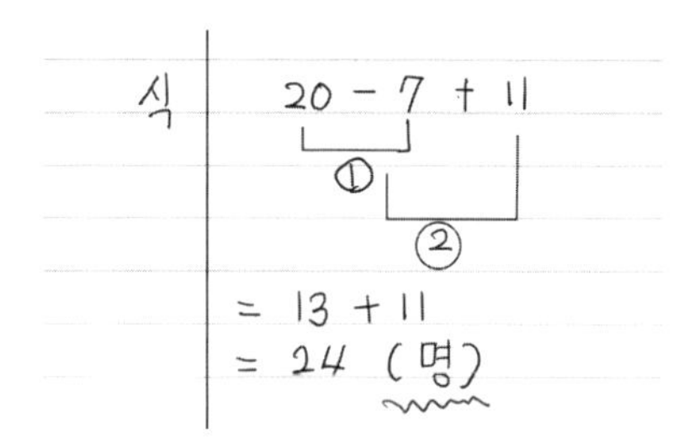

그리고 Q2의 문제를 제시했는데, 학생들은 순식간에 문제를 쓰고 바로 몇 개의 문장으로 이루어져 있는지 나누었습니다. 그리고 셈식을 찾고 짝에게 설명했습니다. 문장제도 학습 패턴이 만들어지니 학습의 속도가 올라가는 것을 느낄 수 있었습니다.

'아, 그렇구나. 마냥 어렵게만 느껴지는 문장제도 이렇게 하나하나 잘게 나누어 접근하니 학생들이 좀 더 쉽게 해결할 수 있구나!'

단원 마무리에서는 학생들이 스스로 문제를 내어 짝에게 풀어 보게 했습니다. 자신이 낸 문제를 짝이 풀면서 문제 자체의 오류도 찾아보게 되고, 그 과정에서 다른 문제들을 면밀하게 보는 학습도 이루어졌습니다. 1단원을 학생들이 흥미롭게 시작하니 모든 것이 술술 풀리는 기분이었습니다.

PPT는 없어도 돼, 답지도 필요 없어

'수학을 이렇게도 수업할 수 있구나!' 하는 생각에 호기심과 감탄이, '그동안 내가 해 온 수업은 무엇이란 말인가?' 하는 생각에 후회와 좌절이 밀려든다. 수학 질문수업을 참관하고 오니 수많은 감정이 장대비처럼 나의 머리 위로 마구마구 쏟아졌다.

나의 수학 수업은 화려한 PPT에 설탕 가득 뿌려진 사탕 같은 수업이었다. 먹을 때는 색깔도 예쁘고 달콤하지만, 먹고 난 후에는 이가 썩어 버리는 수업 말이다. 그런데 수석 선생님의 수업은 따뜻한 밥과 국, 감칠맛 나는 반찬 몇 개로 차려진 건강한 밥상 같은 수업이었다. 잠시 슬쩍 엿보기만 했을 뿐인데도 너무나 크게 나에게 박혀 버렸다. '나도 할 수 있을까?'라는 질문에서 진짜 잘 가르치는 교사가 되고 싶다는 욕망이 솟아났다.

솔직히, 나는 열심히 가르치는 교사다. 수업 준비에 최선을 다하는 좋은 교사라고 자부해 왔다. PPT도 만들고 수업 자료도 열심히 만들어 준비한다. 지금까지 PPT 없는 수학 수업을 생각해 본 적 없고, 정답지 없이 학생들을 가르친다는 걸 상상해 본 적도 없다. 그동안 나름대로 수업을 시작하기 전에 철저히 준비했다.

그런데 돌이켜 보니 성장은 없었다. 제자리걸음이었다. 다른 사람이 만든 자료를 다운받으니 자신의 발전은 꿈꿀 수 없었다. 그러고도 성장하리라 믿는다면 과한 욕심이겠지. 포켓몬 게임이나 영화를 집어넣은 구성으로 학생들이 재밌어하면 그만이었다. 학생들을 포켓몬 마스터로 키울 셈이었나? 교사 커뮤니티에서 PPT를 찾는 데 많은 시간을 쏟았고 수업의 질문을 고민하는 시간은 전혀 없었다.

수업의 외적 자료에만 의존하지 않는다면 나는 밥 같은 수업을 할 수 있을 것이다. 한식처럼 쉽게 안 질리고 학생과 교사 모두 든든하게 채워지는 수업 말이다.

당연하다고 여겨 왔던 수업이 이제 전혀 당연하지 않게 되었다. 예전에 하던 대로 내가 배웠던 대로 그대로 따라가면 안 되는 순간이 왔다. ChatGPT 같은 게 대세인 요즘, 그것을 능가할 수 있는 수업으로 가야 한다. 감히 말하건대 질문수업은 그것이 가능하다.

수석 선생님의 수학 수업은 처음에는 특별해 보이지 않았는데 알고 보니 특별한 수업이었다. 그것이 진짜 수업인 건데 내가 몰랐던 거다. 그전까지 내가 한 수업은 그냥 풀이 과정을 알려 주고 정답을 매겨 주는 학습지 풀이 시간 같은 게 아니었을까? 각성이 일어났다. 의식적으로 노력해야겠다는 생각이 저절로 들었다.

배움은 놀이처럼, 공책 줄 긋기

초롱 샘 공책에 줄 긋기 놀이, 초초초대박이었어요. 수진 선생님 참관기를 읽고 과연 될까 의문이 들었어요. 솔직히 공책 줄 긋기를 놀이라고 말했을 뿐이잖아요. 들을 때만 해도 이게 뭐 특별한가 싶었거든요. 좋았다고 하니 한번 따라해 보자는 심정으로 수업 시간에 적용했어요.

그런데 이럴 수가! 막상 학생들에게 적용해 보니 애들이 막 서로 더 긋게 해 달라고 조르는 거 있죠? 이 반응은 뭐지? 그냥 줄을 그으라고 했으면 분명 투덜거리기나 했을 텐데. 이게 뭐라고 애들이 재밌어하는 걸까요? 단지 3분이라는 제한 시간을 주었고 '놀이'라는 단어 하나를 더 주었을 뿐인데 말이죠. 배움을 위한 수업에는 이런 세심함이 필요하다는 걸 깨달았어요. 참관기를 읽지 않은 평소의 저라면 분명 이런 잔소리로 시간을 보냈을 거예요.

"애들아. 공책에 줄 그어. 거기 점 보이지? 세 번째 칸끼리 연결하면 돼. 아니. 세 번째라니까. 그래그래. 얼른 해. 그거 미리 해 둬야 수업 시작할 수 있어. 다 했니? 길동아 딴짓하지 말고 줄 긋기부터 하면 어떨까?"

공책 줄 긋기 놀이, 교사의 잔소리를 사라지게 하는 마법이었습니다.

수진 샘 선생님 실제로 실천해 보셨다니 제가 더 기쁘네요. 동지가 생긴 느낌이에요. 선생님의 실천에 박수를 보냅니다. 또 하나의 팁을 알려 드릴게요.

"선생님, 저는 자 없는데요."

이런 학생들이 꼭 있더라고요. 그때 어떻게 하시겠어요? 저라면 자 찾아서 서랍 뒤지고 여기저기 찾으러 다녔을 텐데요. 수석 선생님은 단번에 해결하시더라고요.

"자 없으면 책으로 그으면 되지. 이렇게 하면 돼."

그리곤 칠판에 책을 대고 긋는 걸 알려 주셨어요. 심지어 수석 선생님께서는 다른 친구들에게도 자 대신 책을 대고 그어 보라고 했어요.

"얘들아, 살면서 필요한 게 없을 땐 주변에서 구해서 할 수 있어야 진정한 배움이란다."

'책자(책으로 만든 자)'라니! 정말 기발하고 좋죠? 게다가 삶의 지혜까지. 저도 다른 수업 시간에 바로 해 보았어요. 효과 만점이었습니다.

엉뚱한 질문도 괜찮아

수진 샘 저도 궁금한 게 있어요. 학생들이 질문을 만들다 보면 엉뚱한 질문을 만들더라고요. 물론 다른 교과에서도 학생들이 수업 내용과 전혀 상관없는 질문을 만들기도 하잖아요. 수학 수업에서도 마찬가지더라고요. 수학 수업과는 전혀 관련 없는 질문들이 등장하더라고요. "휴대전화 가게 사장님은 누구일까요?"나 "도서관은 왜 월요일에 쉴까요?"와 같은 질문이요. 그럴 때는 학생들을 교정해 주어야 할까요?

수석 샘 하하. 그런 고민이 있으셨나요? 학생들의 질문이 과연 질적으로 좋은 질문인가. 질문을 만드는 것이 어떤 의미가 있는가. 학생들이 만든 질문을 모두 사용하는가. 이런 의문이 드는 것이 당연합니다. 질문수업을 시작하는 교사에게 자연스럽게 따라오는 물음이에요.

학생들이 만든 질문이 모두 학습 내용과 연결되어 있다거나 핵심을 꿰뚫는 질문만 있다면 얼마나 좋겠습니까? 하지만 질문을 통해 본인이 뭘 알고 모르는지를 스스로 알 수 있게 되는 게 중요하죠. 그리고 쓸데없어 보이는 질문도 다 쓸데가 있답니다. 책에 관심이 많은 학생은 도서관에 관한 질문을 할 수 있고, 축구에 관심이 많은 학생은 축구에 관한 질문을 만들테니까요. 학생의 관심 분야나 문화적 지능을 알 수 있어요. 또한 그 학생이 모든 질문을 이렇게 작성하지는 않을 겁니다. 많은 질문 중에 이번 학습과 관련된 질문들도 분명히 있을 겁니다. 교사는 그 지점을 보면 좋겠습니다. 질문을 만들었다는 것 자체만으로도 수업에 참여하고 있다는 의미가 될 수 있습니다. 그것이 바로 자기주도적 참여의 시작이니까요.

학습 참여의 구조를 만들어라

초롱 샘 '책을 소리 내어 읽고 질문 만들기'는 다른 교과 수업에서도 이루어지는 과정이잖아요. 다른 교과에서 적용을 해 보니 분명히 짝과 함께 질문을 만들라고 했지만 혼자서 만드는 경우가 많아요. 이럴 때는 그냥 혼자서 질문을 만드는 것도 괜찮지 않을까요?

수석 샘 질문수업에서는 단순히 '책을 읽고 질문을 만든다'는 개념으로 접근하면 안 됩니다. 교사는 학생들이 어떻게 흥미롭게 읽을 수 있을까, 어떻게 끝까지 읽을 수 있을까를 고민하고 학습할 수 있는 구조를 만들어 주어야 합니다. 혼자서 책을 읽게 하면 지루함을 느낄 수 있어서 끝까지 읽지 못하는 학생이 생길 수도 있잖아요. 그래서 혼자서 책을 읽지 않고 짝과 마치 대화하듯이 주고받으면서 책을 읽게 하지요.

마찬가지로 질문 만들기도 혼자서 하다 보면 스스로 찾은 질문이 맞을까, 이런 질문을 해도 될까 등 스스로 배움을 검열하기도 합니다. 그러다 보면 질문이 부담스러워집니다. 짝과 함께 잠시 떠들고 공유하기만 해도 학생들은 질문을 두려워하지 않게 됩니다. 짝과 함께 질문을 만들게 되면 짧은 시간에 짝의 생각을 공유하게 되고 다양한 관점으로 학습 내용을 바라보게 도와줍니다. 학습 효율성이 높아집니다.

또한 질문을 입 밖으로 내면 그 질문은 답을 찾아가려는 경향성이 생겨납니다. 자연스러운 대화의 물꼬가 만들어지게 되지요. 학생들이 자꾸만 혼자서 만들려고 해도 짝과 함께 대화하면서 만들 수 있도록 환경을 조성해 주고, 대화를 독려해 주시면 좋겠어요.

수학의 언어로 말하기

수학이 새로운 언어라니, 저는 생각해 보지 못했어요. 기호로 이루어진 언어라는 것이지요. 수학도 영어와 같이 새로운 언어를 배우듯이 하라는 말에 절로 고개가 끄덕여졌어요. 저는 영어라는 과목을 좋아하기도 하고 다른 나라 언어 배우는 것을 좋아해요. 새로운 언어를 배울 때는 단어와 기본적인 문장을 배우고, 연습하고, 그 문장에서 확장해 나가는데요. 한 번 학습했다고 되는 것은 아니지요. 무조건 반복! 원리는 배우고 반복 연습하고 실습해서 써 보기도 하고요. 수학을 처음 배울 때도 이렇게 하라는 말에 정말 "아하!" 하고 무릎을 쳤습니다.

수진 샘 맞아요. 수학의 언어를 말하지 않고, 눈으로만 읽다 보면 익히는 데 한계가 있더라고요. 학생들에게 대분수를 가르쳤을 때 2와 3분의 1을 듣고 제대로 쓰는 학생이 거의 없었어요. 또 말하는 데 실수하는 학생도 많았어요. 아마 우리가 영어를 배울 때 reading은 해도, speaking이 안되는 것과 같은 이유겠죠? 눈으로만 보면 아는 것 같아도 막상 말해 보라고 하면 말이 안 나올 때가 있잖아요. 그래서 수학 교과서를 소리 내어 읽으며 수학의 언어를 연습하는 것이 바로 수학 공부의 첫 단추였더라고요.

수석 샘 '말하기 공부법' 하브루타를 두고 흔히들 이렇게 말합니다. 말을 하려면 그 언어를 익혀야 하는 거잖아요. 학생들에게 수학이 새로운 언어라는 것을 이해시켜야 합니다. 우리가 외국어를 배울 때 어떻게 하나요?

많이 듣고, 많이 말하죠? 그래야 익숙해지니까요. 수학도 마찬가지입니다. 합동, 대칭, 둘레, 넓이, 사다리꼴 등 수학 용어들이 편안하게 스며들도록 하는 과정이 필요합니다. 언어의 노출값을 높이는 것이죠. 그래야 단기 기억으로 끝나지 않고 시간이 지나도 자연스럽게 활용할 수 있어요.

틀려도 괜찮아!

초롱 샘 제가 열심히 가르치려고 한 행동인데 학생들의 학습 집중력을 오히려 흐트러지게 하는 순간을 만날 때가 있어요. 학생은 잘하고 있는데, 제가 중간에 설명하면서 생각의 흐름이 깨지는 경우가 있더라고요. 학생들이 틀리거나 헤매고 있으면 답답한데 제가 가르쳐 주지 않아도 괜찮을까요?

수진 샘 저도 교사의 개입과 관련해 조금 다른 고민이 있어요. 오늘 수업 중에 문제를 잘못 푼 학생이 오히려 우겨서 바르게 풀이한 학생이 혼돈이 오는 경우를 보았거든요. 틀린 방법인데 오히려 정답을 적은 학생이 따라가고 있는 거예요. 이런 경우에는 교사가 알려 줘야 하는 것 아닐까요?

수석 샘 두 분 선생님의 고민에 공감이 됩니다. 그러나 학생들이 틀리는 경우를 두려워해서는 안 돼요. 학생이 배움을 자신의 것으로 탄탄하게 만들어 가는 중요한 과정입니다. 불완전한 과정이 있어야 제대로 아는 것이 가능합니다. 그런데 학생이 틀리는 과정을 교사가 견디지 못해서 바로 가르쳐 주면 학생 스스로 고민하고 문제를 해결할 기회를 뺏는 것일 수도 있습니다.

게다가 수진 선생님의 고민처럼 잘못된 방식을 따라간 경우는 사실 그 학생도 제대로 알지 못한다는 뜻이거든요. 그래서 마무리는 언제나 교사의 피드백입니다. 짝과 서로 설명하는 과정에서 오류를 우기면 교사의 설명이 한층 더 잘 들립니다. 자신이 모르고 있었음을 알게 되는 그 순간이 바로 큰 배움입니다. 짝대화 후 교사 설명은 학생들이 또 한 번 수정할 수 있는 정교한 피드백이 됩니다.

아직도 수학익힘책 매겨 주시나요?

수학익힘책은 어떻게 해야 할까요? 저는 평소 수업 시간에 수학익힘책 다 풀고 숙제는 내 주지 않으려고 노력해요. 채점은 각자 하라고 하는 편이고요. 가끔 매겨 주기도 하는데 바빠서 일일이 매겨 주긴 힘들더라고요.

수진 샘 저도 그랬어요. 수학 질문수업을 하기 전까지는 수학익힘책 매기느라 쉬는 시간에 잘 쉬지도 못했어요. 제가 다 매겨서 학생들의 성적을 확인하고 틀린 학생들을 불러 개별 지도하는 것이 훌륭한 교사인 줄 알았어요. 그래야 학생들 한 명이라도 제대로 배울 수 있다고 생각해 왔기 때문이에요. 그런데 수학 교과에 질문수업을 적용하고 나서부터는 수학책과 수학익힘책에서 벗어났어요.

수석 샘 수학익힘책을 푸는 이유는 배움에 반복적인 연습이 필요하기 때문이지요. 그런데 제대로 된 배움도 없이 반복만 하게 되면 학생들은 이해도 못한 채 비슷한 문제를 계속 틀려서 부정적 학습 정서를 키우게 됩니다. 질문수업을 하기 어렵다면 수학익힘책만이라도 이런 방식을 선택해 보면 어떨까요?

스스로 풀기 - 짝과 확인하고 해결 과정 서로 설명하기 - 다른 짝과 바꾸어 설명해 보기이 과정을 거친다면 학생들은 스스로 배우는 힘을 가지게 될 겁니다. 그러면 수학익힘책 채점도 교사가 할 필요가 없지요. 교사가 '맞다, 틀리다'를 동그라미 치거나, 별표 치거나 하지 않으니 학생들도 부담을 덜 느껴요. 오히려 학생들이 알아서 체크를 합니다. 그리고 틀린 부분은 짝과 서로 피드백을 주고받아요. 이게 바로 학습 대화입니다. 이 과정에서 학생들은 자연스럽게 배운 내용을 반복하고 확장하게 돼요. 학생들이 배움을 가지는 시간만으로도 긍정적 학습 정서가 만들어지고 그러한 긍정성이 학업성취도를 높이는 데 기여를 하게 된답니다.

문장제라는 강을 건너기 위해 작은 디딤돌을 놓자

초롱 샘 "문장제는 쪼개라." 이 부분의 수업 참관기를 보고 놀랐어요. 저도 학생들에게 설명할 때 문장제를 쪼개서 무엇을 구해야 하는지, 어떻게 풀어야 하는지 설명했었거든요. 그런데 생각해 보니 제가 혼자서 열심히 설명을 했을 뿐이지 학생들 스스로 쪼개어 보고, 셈식을 찾아보는 과정을 거치지는 않았던 것 같아요.

수진 샘 이 부분은 참관하면서도 느꼈지만, 수학 질문수업만이 아니라 수학 수업을 할 때 학생들이 문장제에 좀 더 쉽게 접근하기 위해서 이 방법으로 한 번쯤은 꼭 해 보면 좋겠다는 생각이 들었어요.

수석 샘 문장제를 쉽게 만드는 핵심은 디딤돌이에요. 우리가 강을 건널 때도 한 걸음에 넓은 강을 건너긴 불가능하잖아요? 종종걸음으로도 갈 수 있도록 디딤돌을 놓아 주는 거예요. 큰 문제를 하나의 덩어리로 보지 않고 잘게 쪼개어서 볼 수 있게 해 주는 것이죠. 그리고 다시 잘게 쪼개어진 것을 하나의 셈식으로 합칠 수 있게 하는 과정이 필요해요. 학생들은 이미 셈식을 공부하면서 수학적 용어에 익숙해져 있어요. 그러니 잘게 쪼개진 문장에 셈식을 가져와서 수학 언어로 바꾸는 것이 가능해집니다.

학생들은 작은 성공 경험 덕분에 수학적 문제에 더 도전할 수 있게 됩니다. 수학에 대한 자신감이 생기는 거죠. 그렇게 성장하는 자신의 모습을 본 학생들은 수학 수업을 더 좋아하게 될 겁니다. 문장제 디딤돌 놓기! 도전해 보세요.

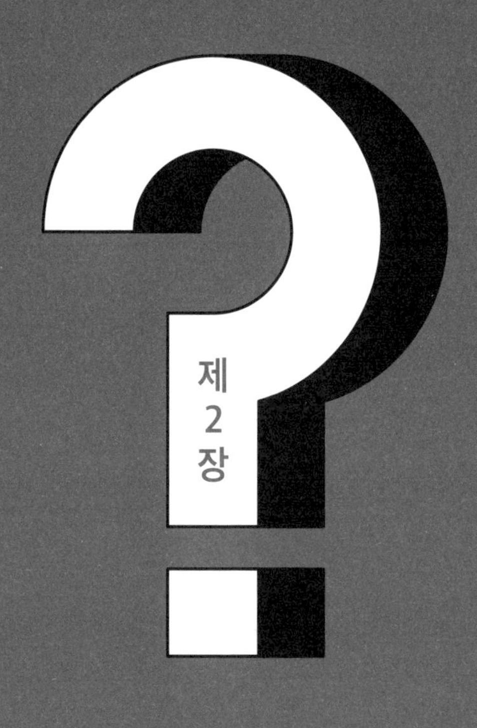

제 2 장

수학 질문수업을 열다

수학 질문수업의 첫걸음

초롱 샘

수진 선생님의 수업 참관기를 통해 수학 질문수업을 잠시 맛보니 더 배워 보고 싶은 생각이 듭니다. 저 같은 수학 질문수업 왕초보 교사는 무엇부터 시작하면 좋을지 차근차근 알려 주시면 좋겠어요.

수진 샘

먼저 시작해 본 사람으로서 알려 드리자면 질문수업의 기본은 모두 같아요. 수학만 특별한 것처럼 하는 게 아니라는 것이죠. 수학 질문수업 컨설팅을 받으면서 느낀 점은 수학 질문수업은 다른 교과와 다르다고 생각한 것이 저의 착각이었다는 거예요. 수학 질문수업이 성공하기 위해서는 질문수업의 기본을 그대로 활용하면 됩니다. 그래서 질문수업을 잘하기 위한 기본 단계들을 수학이라는 교과에 담아 이야기해 보려고 해요.

몇십 년의 노하우를 가진 수석 선생님과 처음 수학 질문수업을 시작하는 선생님의 틈을 제가 중간에서 메운다는 느낌으로 알려 드릴게요. 수석 선생님께 물어보기엔 사소하거나 민망한 질문이 있을 수도 있잖아요.

처음부터 완벽함을 추구하지 말고, 쉬운 단계부터 경험을 쌓아 가는 것이 좋아요. 저와 함께 차근차근 살펴보면서 수업에 적용해 보시면 좋겠어요.

1

질문수업을 위한 자리 배치

2인 1조의 책상 배치

집 안의 분위기를 한순간에 바꾸는 비법 중 단순하지만 아주 쉬운 방법이 있지요. 바로 가구 배치를 바꾸는 것입니다. 교실에서 가장 많은 가구는 단연 책상과 의자이고, 대화하기 가장 좋은 구조는 2인 1조입니다.

원래 우리 반의 책상 배치는 선생님이 앞에 있고 학생들은 선생님을 바라보는 구조였습니다. 교사를 향해 한 방향으로 바라보게 했지요. 이 구조는 선생님이 하는 말을 잘 경청해야 할 것만 같은 구조이지요. 저처럼 옛날 초등학교 교실 사진에서 많이 보던 배치를 여전히 쓰고 있는 사람들이 많습니다. 그렇게 배워 왔고 그것이 익숙하기 때문이지요.

게다가 코로나라는 팬데믹까지 찾아왔으니 한 명씩 띄어 앉아 거리 두기는 필수로 소통을 할 수 없는 구조로 지내 왔답니다. 저 역시 점점 친구들과 덜 접촉하고, 덜 싸우고, 덜 시끄러운 이 구조를 선호하게 되었습니다. 솔직히 말하면 잡담이 줄어들지요. 은밀하게 둘만 얘기할 수 있는 싹을 잘라 버린 것입니다.

"얘들아, 책상 이동 좀 하자!"

수석 선생님은 교실에 오자마자 이렇게 말하셨습니다. 학생들이 일사불란하게 ㄷ자 구조로 자리를 옮기기 시작했습니다.

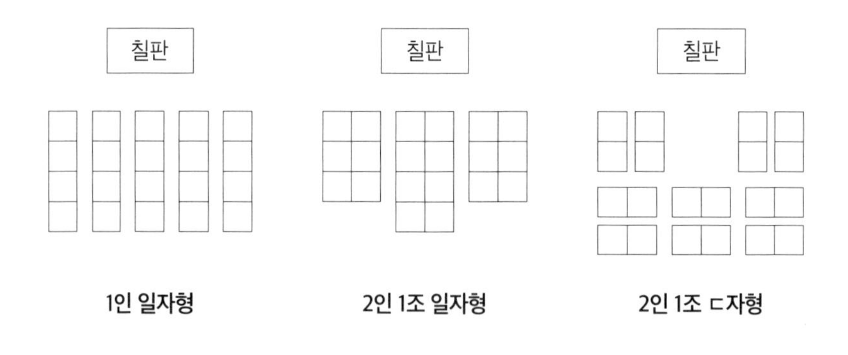

"우리 반 애들 얼굴이 다 보여요."

자리 배치가 완료되고 한 학생이 소리치더군요. 그러자 여기저기서 바뀐 배치에 관한 이야기가 들려왔습니다.

"와! 뒤통수도 많이 안 보인다."

그동안 학생들이 친구들의 새까맣고 표정 없는 뒤통수를 얼마나 많이 봐 왔을까 하는 생각이 들었습니다. 질문수업에서는 왜 책상 배치를 다르게 할까요? 대화, 소통이 필수 요소이기 때문입니다. 자리 배치를 통해 공간 구조가 만드는 권력을 없애면 학생들이 평등한 상태에서 발언권을 누립니다. 공간 구조에 따라 교실의 분위기도 달라질 수 있습니다. 짝과 함께 질문을 만들고 선생님에게 언제나 질문할 수 있을 것만 같더군요. 교실 책상 배치의 변화는 편안하게 발언을 할 수 있는 분위기를 만들어 주었습니다.

자리 배치에서 질문수업의 철학이 드러납니다. 자리 배치부터 질문수업이 시작됩니다. 공간의 힘은 참으로 크다는 생각이 들었습니다. 모두가 선생님을 바라보는 것 같으나, 동시에 모두가 친구들을 볼 수 있지요. 누군가 발표를 하더라도 눈 맞춤이 일어납니다. 사람 간의 거리가 가깝고 감정 파악도 잘 됩니다. 친구들의 표정이 보입니다. 듣는 학생들도 발표하는 학생을 향해 몸을 돌릴 필요가 없습니다. 굳이 "말하는 친구를 바라보자. 몸 돌려라" 연습하고 잔소리할 필요가 없어졌습니다.

그렇다면 선생님은 어떨까요? 선생님도 편합니다. 어느 학생에게나 쉽게 다가가서 볼 수 있고, 도움을 줄 수 있고, 피드백을 해 줄 수 있지요.

또한 ㄷ자 구조의 정중앙에, 넓은 공간이 생깁니다. 이곳을 우리 반 학생들은 '만남의 광장'으로 명명하였습니다. 평소 수석 선생님께서 입버릇처럼 하시는 말이 자리 배치에서부터 이루어짐을 느끼게 됩니다.

"교육은 사람을 만나는 일이어야 한다."

2

질문과 대화를 부담 없이 시작하려면?

$2\ +\ -\ ^3\times\ 1\ \div$

"우리 반 아이들은 대화를 잘 못해요."

"물어도 답을 안 해요."

"아는 게 없는데 어떻게 대화를 하죠?"

"우리 반 아이들은 질문을 못 만드는데 질문수업이 될까요?"

이런 걱정 때문에 질문수업을 못 하겠다고 하는 경우가 많습니다. 당연히 이해가 됩니다. 저도 그랬으니까요. 다른 과목에서의 질문수업도 마찬가지지만 수학 질문수업에서는 더 어렵게 느껴질 수도 있습니다.

그럴 땐 모든 교과에서 통용되는 질문 놀이를 먼저 익히는 것을 추천합니다. 1장의 수업 참관기에서 살펴봤던 까만놀이가 바로 질문 놀이의 한 종류입니다. 그 외에도 까바놀이, 까주놀이 등이 있습니다. 질문 놀이를 익혀 두면 질문 학습 패턴화에 도움이 됩니다. 질문 놀이는 쉽고 간단해서 어느 곳에나 적용할 수 있습니다. 당연히 수학 수업에서도 질문 놀이는 유용합니다. 질문 놀이를 간단히 살펴볼까요?

까바놀이

까바놀이는 뭘까요? 말끝을 '까'로 바꾸는 놀이입니다. 그림을 보고 한 사람이 "~다"로 말하면 상대편 사람이 "~까"로 말하는 놀이이지요. 너무 단순해서 1학년도 바로 적용할 수 있습니다. 또 모든 교과에서 적용할 수 있습니다. 그러면 수학 수업에 바로 적용해 보겠습니다. 4학년 과정, 각도기를 활용하여 각의 크기를 재는 수업으로 예를 들어 보겠습니다.

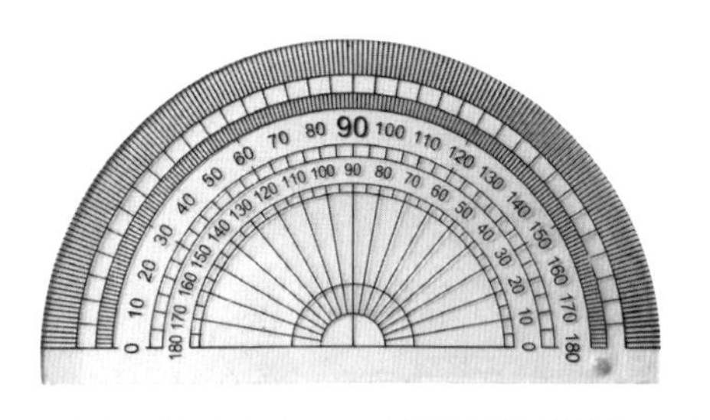

A: 눈금이 있습니다.

B: 눈금이 있습니까? 숫자가 있습니다.

A: 숫자가 있습니까? 0과 180이 있습니다.

B: 0과 180이 있습니까? 모양이 반원입니다.

이렇게 A와 B 학생이 번갈아 가면서 말합니다. 이때 중요한 규칙은 짝이 엉터리로 말하더라도 짝의 말을 그대로 따라 해야 한다는 것입니다. 까바놀이의 중요한 규칙이지요. 상대의 말을 잘 듣고 끝의 '다'만 '까'로 바꾸어야 합니다. 자신이 중간에 말을 바꾸어서는 안 됩니다. 토씨 하나라도 틀리게 말하면 안 되지요. 짝의 말이 얼토당토않거나 내 생각과 다르더라도 바꿀 수 없습니다.

이 놀이를 통해서 학생들은 경청의 태도를 기를 수 있습니다. 상대의 말을 끝까지 듣는 것이 바로 대화의 기본이지요. 놀이를 통해서 학습 대화 예의의 태도를 기를 수 있게 됩니다. 이외에도 까바놀이는 간단하지만 많은 장점이 있습니다.

- 자세히 봐야 말을 할 수 있으니 관찰력이 좋아진다.
- 내가 보지 못한 것을 친구로부터 배우고 관점을 넓힐 수 있다.
- 짝과 부담 없이 말할 수 있다.
- 질문 만드는 것이 쉽게 느껴진다.
- 모든 학생이 참여하게 된다.

까바놀이는 언제 쓸 수 있을까요? 그림, 도표, 사진, 그래프 등 무궁무진합니다. 1학년부터 6학년까지 모든 학년에서 다양하게 쓸 수 있지요. 과학 교과서에 나온 삽화를 살펴볼 때, 사회책에 있는 지도나 사진을 자세히 봐야 할 때, 안전한 생활에 그려진 그림의 내용이 중요할 때, 수학에서 기본 개념이 적혀 있는 박스 내용을 익힐 때 등등. 그러니 까바놀이부터 시작하시라!

『하브루타 질문 수업에 다시 질문하다』를 보면 까바놀이의 다양한 적용 방법이 나옵니다. 단순히 그림 까바놀이만이 아니라 문장 까바놀이, 생활 지도 까바놀이 등 다양한 방법을 배울 수 있습니다. 참고해 보시길 바랍니다.

까바놀이 방법

3

질문을 쉽게 만드는 방법이 있다

"학생들이 이상한 질문만 만들어요."

"수업과 상관없는 질문을 만들어서 하기가 힘들어요."

"학생들이 질문 만드는 것을 어려워해요."

이런 고민을 하실 수 있습니다. 그래도 학생들이 어려워한다고 질문수업에서 질문이 빠지면 안 되겠지요. 학생들 스스로 만드는 질문이야말로 자신이 선택한 학습을 향해 나아가는 길입니다. 이렇게 중요한 질문 만들기가 빠진다면 더 이상 질문수업이 될 수 없습니다.

까바놀이처럼 이때도 질문 놀이로 쉽고 재미있게 다가가야 합니다. 이번에는 까만놀이입니다. 수업 참관기에서 단원 전체를 살펴보기 위해 진행한 방법이 까만놀이였지요. 까만놀이를 자세히 살펴볼까요?

까만놀이

까만놀이는 무슨 말이든 '까'로 만드는 놀이입니다. 질문을 만드는 것이지요. 더 정확하게 말하면 질문만 만드는 놀이입니다. 굳이 답을 말하려고 하지 않아도 됩니다. 그냥 자연스럽게 질문만 만들면 됩니다. 내용 질문, 추론 질문, 분석 질문, 가치 질문 등으로 구분하면서 어렵게 질문을 만들지 않아도 됩니다. 그냥 자신이 궁금한 것을 질문으로 만드는 것이지요. 그래야 학생들이 자유롭고 부담스럽지 않게 질문을 시작할 수 있습니다.

교과서로 까만놀이를 해 볼까요? 까만놀이는 3단계로 이루어집니다. 그래서 언뜻 보면 놀이라고 부르기에는 재미가 없어 보일지도 모릅니다. 그런데 이 놀이가 은근 재미있습니다.

① 책을 짝과 번갈아 가며 소리 내어 읽기

② 짝과 대화하며 질문 만들기

③ 공책에 질문 적기

짝과 번갈아 가며 소리 내어 읽기

여기서 교과서는 두 권이 아닌 한 권으로 진행하는 것이 더 좋습니다. 학생들이 각자 교과서를 읽을 때는 호흡이 다릅니다. 조금 삐거덕거리지요. 그러나 한 권을 가운데에 놓고 한 문장씩 번갈아 읽으면 어떨까요? 두 사람의 몸이 책을 중심으로 모이게 되지요. 몸이 함께하는 자세로 바뀌는 것만으로도 학습 몰입도는 좋아집니다. 책을 읽는 속도가 더 빨라지고 집중도도 높아지지요. 핑퐁처럼 주거니 받거니, 마치 대화하듯이 읽으면 됩니다. 그렇기에 지루함을 방지할 수 있고 끝까지 읽어 낼 수 있습니다.

짝과 함께 교과서를 소리 내어 읽는 것은 어떤 점이 좋을까요? 소리 내어 읽으면 꼼꼼하게 읽을 수 있지요. 단어 하나도 놓치지 않습니다. 그리고 정확하게 소리 내어 읽을 줄 알아야 듣기를 할 때 그 단어를 들을 수 있습니다.

읽기, 말하기, 듣기를 동시에 한다는 장점이 가장 큽니다. 크게 소리 내어 읽는 것은 기억을 더 잘할 수 있게 도와줍니다. 초등학교 시절을 떠올려 보세요. 소리 내어 읽는 것은 반 전체를 대상으로 했습니다. 보통 번호대로 읽던지, 앉은 순서대로 읽었는데 제 차례가 오기 전에는 심장이 튀어나올 것만 같았습니다. 읽기의 부담이 얼마나 컸던지 모릅니다. 전체를 대상으로 읽는 경우는 시간이 오래 걸리지요. 중간에 끊기기도 쉽습니다. 목소리가 작은 학생들이 많아 몰입도가 떨어질 때도 있고요. 반 전체가 잘 들릴 정도로 큰 목소리를 가진 학생이 몇 명이나 될까요? 그런데 짝과 둘이서 한 문장씩 번갈아 가며 읽으니 부담도 적고 재미도 있습니다. 그래서 편하게 끝까지 읽게 되지요.

평소 우리는 책을 읽을 때 대부분 눈으로만 읽는 경우가 많습니다. 묵독이지요. 소리 내지 않고 마음속으로 글을 읽는 방법입니다. 시간이 적게 걸리고 집중하기에는 좋지만, 지루함이 생깁니다. 또한 끝까지 읽는 힘이 부족한 학생들은 지나치는 내용도 있을 수 있습니다. 그래서 학생들이 소리 내어 읽을 때면 들려오는 수석 선생님의 한마디.

"또박또박 읽어야 너희들의 뇌가 인식하는 거야. '블라블라블라' 읽으면 바보 되는 연습을 하고 있는 거야. 바보 되는 방법은 아주 쉬워. 잘 생각해 보고 읽기를 부탁해. 꼭 아나운서처럼 읽어 주세요."

짝과 대화하며 질문 만들기

책을 다 읽었다면 수학적 개념, 수학적 기호, 수학 교과서 지문 등에서 궁금한 점을 찾아 질문을 만듭니다. 시험 문제를 만드는 것이 아니라 궁금한 것을 찾아서 질문을 적습니다.

이때 짝과 함께한다는 것은 질문에 대한 걱정을 덜어 줍니다. 혼자 만드는 두려움에서 벗어나게 되지요. 좋은 질문, 나쁜 질문에 대한 평가가 없고 질문의 종류를 구분하지 않으니 마음 편하게 만들 수 있습니다.

질문을 만드는 활동은 자신이 모르는 것과 아는 것을 드러나게 합니다. 학습에 대한 동기유발이 필요 없지요. 질문을 만들었을 뿐인데 이미 학습으로 진입되어 버립니다. 굳이 화려한 동영상과 자료들을 동원하지 않아도 학생들은 저절로 학습으로 초대가 됩니다. 자신도 모르는 사이에 말이지요.

또한 친구의 질문을 통해서 내가 미처 생각하지 못했던 것들을 발견하는 장점도 있습니다. 새로운 시각으로 수학적 개념이나 기호들을 바라보게 되는 것입니다.

공책에 질문 적기

아무리 좋은 질문도 말로만 하고 그치면 공기 중에 흩어지고 맙니다. 자신이 궁금한 것을 지면에 남겨 두면 학습하는 과정에서 스스로 해답을 찾아가게 됩니다. 또한 새로운 학습에는 새로운 용어가 등장하기 마련입니다. 질문을 적으면서 새로운 용어를 자연스럽게 배우게 되지요. 친구와 대화하면서 만들어진 질문을 내 생각과 나의 언어로 바꾸어 적을 수 있습니다. 짝과 함께 다양한 질문을 만들어도 내가 그 중에서 작성하고 싶은 것을 선택해서 적게 됩니다. 질문을 씀으로써 학습에 자기 선택의 효과가 발현됩니다.

까바놀이의 규칙은 짝의 말을 그대로 되돌려서 하는 것이었는데, 까만놀이의 경우는 슬라임만큼이나 물렁합니다. 질문을 늘려도 되고 줄여도 됩니다. 요리조리 내 입맛에 맞게 적으면 되는 것이지요. 질문을 같이 만들었지만, 각자의 공책에 적히는 질문은 다른 이유입니다. 예를 들어 각의 크기를 재는 부분을 읽은 학생들은 어떤 질문들을 적었을까요?

- 각도기는 왜 만들어졌나요?
- 각도기가 없다면 어떻게 될까요?
- 각도를 읽을 때 숫자만 읽으면 되나?
- 각도기는 왜 이렇게 생겼을까?
- 위에 있는 숫자와 밑에 있는 숫자를 볼 때 무엇을 읽어야 할까?

- 각도기는 어떻게 쓰나요?
- 각도의 단위는 무엇인가요?
- 각도기의 밑금은 무엇일까?
- 각도기의 크기는 각도를 재는 데에는 지장이 없을까?
- 70과 110 중 어느 것을 읽어야 하나요?
- 단위는 무엇인가요?
- 각도기는 왜 둥근가요?
- 각도기의 각은 몇 도까지 있나요?
- 어떤 것이 각도기의 중심이고 밑금인가요?
- 각도기는 누가 만들었을까요?
- 각도기는 왜 배워야 하나요?
- 각도와 각도기는 무엇이 다른가요?
- 각의 크기를 재는 방법은 무엇일까?
- 꼭 각도기로 각을 재어야 할까?

이렇듯 학생들의 질문 속에 이번 수업 시간에 배워야 할 핵심적인 부분들이 다 나옵니다. 이것이 바로 질문의 힘이지요. 까만놀이로 학생 스스로 질문을 만들어 낼 수만 있다면 이미 수업의 반은 성공한 것이라고 할 수 있습니다.

단원 개관
까만놀이 방법

4

수학 공책은 꼭 필요하다

친절한 수학책에서 벗어나기

수학책, 수학익힘책이 있는데 굳이 수학 공책이 필요한지 물어보는 분들이 있습니다. 네, 필요합니다.

'우리나라 수학 교과서는 지나치게 친절하다. 그게 문제다.'

수학을 공책으로 가르치면서 느낀 점입니다. 우리는 교과서로부터 자유로울 필요가 있습니다. 누군가는 이런 이야기를 할 수도 있겠지요. 지금 시대가 어떤 시대인데 공책에 쓰면서 공부하냐고요. 스마트 단말기, 태블릿 PC로 공부해야 한다고요. 하지만 수학은 손끝으로 배워야 합니다. 고개로 끄덕이며 눈으로 알고 지나가는 것이 아니라 손으로 풀어야 한다는 것입니다.

물론 간혹 있는 천재들은 눈으로 보고 머릿속에서 모든 상황을 그려 내어 문제를 해결합니다. 하지만 대부분의 학생은 머릿속에서 이미지로 그려 내기가 쉽지 않지요. 줄 쳐진 노트에 문제를 푸는 습관을 들이면 여백에 차분히 풀게 되고 실수를 줄일 수 있습니다. 또 공책에 적음으로써 자신의 풀이에 대해 정리를 할 수 있지요.

교과서가 친절하다고 말한 이유는 학생들이 답만 적을 수 있도록 너무나 상세하게 적혀 있기 때문입니다. 풀이법에 대한 고민이나 생각할 시간을 전혀 주지 않고, 풀이 순서를 90% 이상 다 제시해 놓고, 학생들은 그저 10% 정도만 적도록 하는 것입니다. 차려 놓은 밥상에 숟가락만 얹는 느낌입니다.

그렇다고 교과서를 아예 쓰지 않겠다는 말이 아닙니다. 모두가 가지고 있는 자료인 교과서는 편리합니다. 교과서는 단원 전체를 처음 읽을 때, 수학적 개념이 정리된 부분이나 문제를 공책에 가져올 때 쓸 수 있습니다. 또 분수의 경우 그림에 표시된 부분을 색칠할 때도 가져와 사용합니다. 수학 붙임 딱지도 공책에 가져와서 활용할 수 있습니다. 우리나라 교과서의 스티커 품질은 최상이지요.

수학익힘책의 경우 반복, 복습용으로 사용할 수 있습니다. 다만 책 속의 모든 문제를 다 풀어야 한다는 인식에서 벗어나야 합니다. 수학책이나 수학익힘책은 활용 도서일 뿐입니다.

따라 쓰기는 이제 그만

예전에 저는 칠판에 적은 것을 학생들이 토씨 하나 안 틀리고 따라 적게 했습니다. 지금 생각해 보면 학생들이 얼마나 지루했을까요? 질문수업에서 공책은 자기주도적 학습을 위한 도구입니다. 교사가 제시하는 것을 똑같이 따라 쓰는 것과는 결이 다릅니다.

수학 질문수업 공책은 질문 쓰기, 문제 풀이, 수정하기, 배움 글쓰기 등에 활용됩니다. 학생들에게 문장을 쓰게 할 때도 키워드만 제시하면 좋습니다. 핵심 키워드만 적어 주고, 나머지는 학생들이 스스로 적을 수 있도록 합니다. 예를 들면 합동이라는 개념을 적을 때 선생님이 "모양과 크기가 같아서 포개었을 때 완전히 겹치는 두 도형"이라고 다 제시할 필요가 없다는 것입니다. 그저 핵심 단어 몇 개만 주면 됩니다. '모양', '크기', '포개었을 때' 이런 식으로 세 개의 단어만 적어 주고 스스로 살을 붙이도록 합니다.

한 줄 띄우기, 공백 만들기

수학 질문수업 컨설팅을 받으면서 공책을 사용할 때 중요히 여기게 된 것이 있습니다. 바로 공책의 공백입니다. 이른바 한 줄 띄우기, 즉 여백의 공간이 정말 중요했습니다. 이건 잊지 말고 꼭 기억하시면 좋겠습니다. 공백이 있어야 학습과 학생들의 배움이 잘 보입니다.

지금은 쉴 새 없이 "한 줄 띄워라!"라고 이야기합니다. 공백이 없으면 학습이 잘 일어나지 않습니다. 우리가 처음에 보았던 냉장고 정리

상황극의 선반 역할을 공백이 합니다. 칸이 나눠어 있는 것이 바로 공백으로 표현됩니다. 확실히 여백이 있는 공책과 없는 공책을 비교해 보면 가독성에서 차별화가 느껴집니다. 빽빽한 공책은 다시 보기도 싫고 너무 답답해 보였습니다.

교사의 관심과 피드백

교사는 판서만 하면 끝일까요? 수석 선생님은 끊임없이 학생들 공책 필기를 확인하고 고치셨습니다. 수석 선생님 수업을 참관해서 보니 학생들이 줄을 비뚤비뚤하게 그었는지, 글자 간격은 어떤지, 줄 간격은 어떤지 체크하시는 모습을 볼 수 있었습니다. 소인수분해를 적을 때도 학생들의 필기를 보고 어떻게 써야 할지 하나하나 세세하게 알려 주셨습니다. 그리고 학생들이 끊임없이 공책을 확인하도록 합니다. 공책은 결국 한 권의 포트폴리오가 되어서 학생들에게 너무도 소중한 자료로 남았습니다.

공책으로 복습하자

단원 마무리 때에는 공책을 다양하게 활용할 수 있습니다. 첫째로 자신이 쓴 것을 다 읽어 보도록 합니다. 전체를 통으로 읽어도 되고, 본인이 쓴 배움 글쓰기만 골라서 읽어도 됩니다. 한 단원을 공부하는 동안 학생 자신이 빛낸 미덕을 스티커로 붙여 보게 하는 것도 좋습니다. 자신이 한 노력에 대한 자기 평가입니다. 미덕을 찾다 보면 자신이 잘한 부분을 찾을 수밖에 없습니다. 미덕의 보석은 한국 버츄 프로젝트의 미덕 단어 52개를 활용했습니다. 미덕 찾기 그 자체만으로도 자신에게 스스로 칭찬하는 효과를 가져옵니다. 공책이라는 시각적 자료를 통한, 자신이 누적한 학습에 대한 긍정성의 부여입니다.

한 차원 더 나아가서 짝과 공책을 교환하여 짝이 잘한 부분은 설명해 주고 미덕 스티커를 붙여 줍니다. "수진아, 너 공책에 숫자를 정말 반듯하게 적었다. 네 것을 보니까 정리가 잘 되어 있다는 생각이 들어." 이런 식으로 친구에게 말로 표현하도록 해 보세요.

둘째로 첫 차시에 만든 질문을 살펴봅니다. 자신이 만든 질문 중에 답을 찾은 것은 체크를 합니다. 자신이 던졌던 질문 중 스스로 해결하게 된 것을 확인합니다. 단원의 시작과 끝이 공존하는 시간입니다.

이렇게 공책을 다시 활용하여 친구들에게 보여 준다는 것을 알게 되니, 다음 단원 시작부터 새로운 마음으로 열정을 불태우며 잘해 보겠다고 다짐하는 학생들이 늘어납니다. 당연히 갈수록 글자가 더욱 깔끔해지고 보기 좋게 바뀌는 학생들이 생겨났겠지요? 질문수업의 공책은 가면 갈수록 발전합니다. 그전에는 학기 초에만 형형색색 휘황찬란 멋들어지게 공책을 쓰다가 시간이 가면 갈수록 글자가 더러워졌는데 말이지요.

5

짝대화는 선택이 아닌 필수

$2 + - ^{3} \times 1 \div$

짝대화라 부르고 존재의 인정이라 읽는다

대중의 관심을 즐기는 인싸(인사이더)임을 자랑하는 사람도 있지만, 별로 주목받고 싶지 않은 사람도 있습니다. 남들 앞에 서서 이야기하는 것을 무척 부끄러워하는 사람도 있지요. 그렇다고 이들이 하고 싶은 이야기가 없는 것은 아닙니다. 오히려 하고 싶은 이야기가 너무 많아 무슨 말부터 해야 할지 모르는 경우가 많지요. 그럴 때 필요한 건 무엇일까요? 내 이야기를 들어 줄 단 한 사람입니다.

단 한 명만 있으면 허공의 외로운 독백이 가슴 절절한 스토리로 변합니다. 진심을 터놓을 친구 한 명만 있어도 인생은 외롭지 않다고 하지 않던가요. 교실을 배움의 공간으로 만들고 싶으면 먼저 삶을 초대해야 합니다. 내 이야기를 들어 줄 한 사람을 초대하는 겁니다.

일대일 짝대화는 단순한 학습 대화가 아닙니다. 삶을 살아가는 가장 기본이 되는 태도, 서로에게 화자가 되고 청자가 되는 단 한 사람으로서 존재를 인정받는 행위입니다. 학생들은 서로가 서로에게 배웁니다. 수학을 잘한다고 미술을 잘할까요? 미술까지 잘할지는 몰라도 청소 시간에는 또 다른 아이가 돋보입니다.

실제로 질문수업 구조가 뿌리내린 교실은 매 순간이 배움입니다. 수업 시간뿐 아니라 쉬는 시간에도 서로를 가르치고 배우기에 주저함이 없습니다. 서로의 존재를 인정하기 때문이지요. 비옥한 토지 위에는 아무리 잡벌레가 기어다녀도 결국 생명이 뿌리내립니다. 친구에 대한 존중이 문화가 되면 사소한 갈등은 오히려 건강한 공동체를 만듭니다.

교육이란 무엇일까요? 시궁창 같은 현실도 아름다운 꽃 한 송이로 바꿀 수 있도록 하는 힘을 가진 것이라고 생각합니다. 그런 출발점이 있는 교실을 꿈꿉니다. 그런 수업을 할 수 있기를 희망합니다. 여기까지 적고 나니 너무 거창하지요? 이상주의자의 웃긴 소리라고 아우성이 벌써 들려오는 듯합니다. 하지만 세상을 바꾸는 것은 비관론자가 아니라 긍정론자라고 합니다.

교사가 학생 수만큼 생긴다

수학 질문수업은 짝대화가 필수입니다. 선생님의 설명 대신 짝의 이야기를 듣는 구조입니다. 그것도 반복적으로. 교실에 선생님은 한 명이지만 짝은 나 말고는 다 짝입니다. 여러 명이 있습니다. 선생님은 멀고 짝은 가깝습니다. 언제든 도움을 청할 수 있습니다. 이렇게 짝과 대화하는 구조가 수업에 자리 잡으면 교사는 엄청 편해집니다. 학생들의 똑같은 질문에 백 번쯤 대답해 주다가 힘들어하는 선생님의 모습들이 떠오르실 겁니다.

- 선생님 오늘 무슨 요일이에요?
- 선생님 오늘 급식 뭔가요?
- 선생님 몇 쪽이에요?
- 선생님 4번 문제 답 뭐라고요?
- 선생님 7번 어떻게 한다고요?

학생들은 귀가 막혔나 싶을 정도로 했던 말 또 하고, 했던 설명을 반복하게 합니다. 그래도 꼭 안 들리는 아이가 있습니다. 그런데 수학 질문수업을 하고부터는 똑같은 대답을 반복하는 일이 현저히 줄었습니다. 갑자기 학생들이 잘 듣게 된 걸까요? 아닙니다. 질문이 반복되는 건 똑같습니다. 다만 제가 대답하지 않아도 짝이 얼른 알려 줍니다. 그리고 선생님께 물어보기 전에 짝에게 물어보고 소통하는 경우가 많아진 덕분입니다.

일류 학급은 규칙이 아니라 문화를 만든다

수학 질문수업을 하며 짝대화가 수업 구조에서 나아가 교실 문화가 되는 경험을 하게 됩니다. 수업 시간에 서로의 이야기를 듣고 가르치고 도와주는 경험이 반복될수록 그런 일이 자연스러워졌기 때문일 겁니다. 자연스레 학생들 간의 관계가 가까워집니다.

코로나 시절 우리 반 누군가와는 말 한 마디 안 해 보고 다음 학년이 되었다는 학생들도 있었습니다. 질문수업은 짝과 대화를 할 수밖에 없기 때문에, 평소 같으면 말도 섞지 않았을 누군가와도 대화의 기회가 주어지지요. 반의 모든 학생과 일대일의 대화 기회를 가지다 보면 나와 전혀 공통점이 없을 것 같았던 친구에게서 의외로 잘 통하는 면이 발견되기도 합니다. 그렇게 수업을 하며 자연스레 학생 사이의 관계망이 촘촘해집니다.

말이 없다고 생각마저 조용한 건 아니다

교실에는 다양한 학생들이 모입니다. 세상 사람 시선을 다 끄는 활발한 학생도 있지만 말 한마디 없는 조용한 학생도 있습니다. 외향적인 학생의 생각은 금방 드러납니다. 그러나 수업 내내 한마디도 하지 않는 학생의 의견은 교사뿐 아니라 다른 친구들에게도 전해지기 어렵습니다. 내향적이고 부끄러움이 많은 학생이라도 짝과 이야기는 어렵지 않게 나눕니다. 처음에는 낯설지라도 반복적으로 만나는 짝이 늘어날수록 마음의 벽이 허물어지게 되지요.

대중 앞에서는 간단한 말도 어렵지만, 가까운 사람과는 긴 이야기도 편하게 잘하는 경험은 누구에게나 있을 겁니다. 이러한 소통의 경험이 학생에게 긍정적 영향을 주지요. 친구와 즐겁게 이야기 나누는 것은 누구나 원하는 일입니다. 수업 시간에 짝대화를 통해 이야기를 나누다 보면, 자신도 모르게 재미없는 수학이 재미있는 수학으로 변신합니다. 짝과 이야기를 나누는 긍정적 감정이 수학 학습으로 전이가 일어납니다. 자연스레 긍정적 학습 정서가 길러집니다.

네 생각은 어때? 참 좋은 생각이야!

수업 시간의 짝대화는 학습 대화입니다. 학습 대화를 하는 동안 서로의 생각을 존중하고 자기 생각을 말로 표현하는 연습이 필요합니다. 상대의 말을 존중하는 연습은 어떻게 해야 할까요?

언어: "내 생각에는…" "너의 생각은 어때?" "참 좋은 생각이야."

행동: 고개 끄덕이기, 눈 바라보기, 엄지척 해 주기

칠판에 이런 식으로 적어 두고 학생들이 따라 말하고 대화 중간중간에 활용할 수 있도록 해 보세요. 짝대화를 할 때 무조건 바른 말 고운 말을 쓰라는 추상적인 표현 대신에 구체적으로 무엇을 어떻게 말하고 행동해야 하는지 알려 주어야 연습이 가능합니다. 실제로 학생들에게 연습시켜 보면 큰 소리로 잘 따라 합니다. 학습 대화 중간중간

"참 좋은 생각이야"와 같은 말이 오가는, 교실에서 참으로 아름다운 모습을 보시게 될 겁니다.

짝대화 중 친절하고 정다운 말을 들은 학생들의 얼굴을 보면 부끄러워하면서도 뿌듯해하는 표정을 볼 수 있습니다. 이 말 한마디로 학생들은 자기 생각과 말을 입 밖으로 꺼낼 용기를 얻습니다.

침묵의 순간을 만났을 때

수학 질문수업을 시작하고 처음에는 분명 학생들이 신나서 떠들었습니다. 그런데 언제부터였을까요? 어느 순간 조용한 교실을 마주하게 됩니다.

단원 개관에서 까만놀이 패턴이 자리 잡고 난 다음이었을까요? 짝과 교과서를 번갈아 읽고 아무 말 없이 자신의 공책에 질문 쓰기에만 집중하는 학생들이 생겼습니다. 대화를 통해 많은 이야기가 오가며 서로 생각이 열리는 분위기를 바랐는데 침묵 속에 재빠르게 공책 채우기에만 몰두하는 학생들을 마주하니 당황스럽습니다. 뭐가 잘못된 걸까요?

이런 현상은 예방하는 것이 가장 좋습니다. 앞에서도 살펴봤지만 까만놀이를 할 때 질문은 반드시 짝과 함께 만드는 것이라는 원칙을 학생들에게 미리 안내해야 합니다. 반복적으로 학생들이 지켜야 하는 원칙을 사전에 알려 주면 문제가 생기는 것을 방지할 수 있습니다. 이미 사건이 벌어졌더라도 괜찮습니다. 다음 수학 시간 시작 전에 새롭게 안내하면 됩니다.

질문을 같이 만든다는 의미는 자신에게 떠오르는 생각을 입 밖으로 한 번 내뱉는 것을 포함한다는 것도 알려 주어야 합니다. 학습 대화는 거창한 것이 아닙니다. 자기 생각을 공책으로 옮기기 전에 짝에게 말로 한 번 해 보는 겁니다. 물론 공책에 옮겨 쓸 때는 '따로 또 같이' 짝과 같은 것을 적어도 좋고 다른 것을 적어도 좋다고 말해 주는 것도 기억해 주세요.

물 흐르듯 이어지는 짝대화를 원한다면

문제를 제시하면, 어느 순간 침묵의 순간이 오기도 합니다. 짝과 이야기하기보단 혼자 문제를 공책에 적고 열심히 풀고 있는 학생들이 보입니다. 무엇이 학생들의 대화를 멈추게 했을까요? 이는 교사의 수업 진행 방식일 수도 있습니다. 교사 스스로 점검해 보시길 바랍니다.

"1번 문제, 얘들아 이제 다 알았지? 자, 그럼 이제 2번이야. Q2."

칠판에 커다랗게 다음 문제를 씁니다. 그 순간 흐름이 끊기고 학생들은 공책에 필기합니다. 공책에 질문을 쓰고 나면 짝은 어디 가고 혼자 문제를 해결해 보려고 애를 쓰고 있습니다. 이렇게 하면 망했다고 해야 할까요? 그럼 어떻게 해야 하냐고요?

학생들의 대화가 물 흐르듯 이어지기 위해서는 이끎질문을 제시할 때 타이밍과 방법이 중요합니다. 학생들이 어떤 문제에 대해 즐거운 토론이 한창 이어질 때 자연스레 다음 위계의 이끎질문을 스리슬

적 던져 보세요. 학생들이 자연스럽게 다음 주제로 이야기를 이어나가도록 말이지요.

칠판에 다음 질문을 쓰고 그걸 공책에 따라 쓰게 하는 것은 부차적인 일입니다. 나중에 써도 되고 안 써도 됩니다. 무엇보다 학생들의 학습 몰입이 먼저입니다.

6

짝에게 설명하라

3 × 1
2 − + ÷

메타인지의 시작

"학원에서 배워서 이미 알아요."

"아~ 알겠다. 이제 이해했어요."

수업을 하다 보면 학생들에게 이런 말을 많이 듣게 됩니다. 무척 자신감 있는 얼굴로 말하는 학생들. 정말 아는 걸까요? 아는 걸 설명해 보라고 하면 갑자기 입을 다물어 버립니다. 알긴 아는 것 같은데 설명은 못 하겠다는 것이지요. 사실 아는 것 같은 느낌과 아는 것은 다릅니다. 선생님 설명을 들으면 이해된 것 같고, 그래서 문제도 풀 수 있을 것 같지만 막상 내가 하려면 잘 안 되는 경험을 다들 해 보았을 겁니다.

설명하지 못한다면 정확하게 아는 것이 아닙니다. 설명을 할 때 자신이 아는지 모르는지를 자각하게 되지요. 메타인지입니다. 메타인지는 안다 모른다에서 그치지 않고 그 문제를 해결하고 자신의 학습 과정을 조절할 줄 아는 지능입니다. 설명의 과정이 메타인지를 형성하게 돕습니다.

수준차로 인한 학습 시간 차이 해결

선생님들이 수학 수업 시간에 무엇보다 힘들어하는 것은 학생들의 수준차가 아닐까요? 수학 경시대회 우승자와 수포자가 공존하는 교실. 교사는 그 틈 사이에서 중간 정도의 학업 수준에 맞추어 가르치게 됩니다. 학생들의 수준차로 인해 학습의 시간 차이가 너무도 커집니다. 그러다 보니 자연스럽게 너무 뒤처지는 학생들은 소외시키게 됩니다. 또 학업 수준이 높은 아이는 재미가 없습니다. 가끔은 심화 활동지나 보충 학습지를 준비하지만 별로 효과적이지는 못하지요.

질문수업은 짝에게 설명하는 구조로 되어 있습니다. 이 구조는 학생마다 걸리는 학습 시간차를 해결해 줍니다. 먼저 질문을 해결한 아이가 아직 질문을 다 해결하지 못한 아이를 자연스럽게 가르칩니다. 이해하지 못하는 짝을 위해서 다양한 방법을 동원합니다. 설명하는 과정에서 자신의 배움을 더 정교화하게 됩니다. 학업성취도가 낮은 학생도 마찬가지입니다. 설명을 하면서 자신이 아는 부분을 구분하게 됩니다. 모르는 부분을 인식하게 되면 짝의 설명이 더 명확하게 들리기 마련입니다.

평가기준, 설명할 수 있다

수학 성취기준과 평가기준을 살펴보면 상중하 3단계로 나누어져 있습니다. 평가기준의 상 수준은 "~을 설명할 수 있다"입니다. 그렇다면 수학 수업에서 자신이 계산한 문제에 대해서는 정확하게 수학의 언어로 설명할 수 있어야 합니다. 수학적 개념 정리가 명확하게 이루어질 때 설명할 수 있게 됩니다.

평가기준에 따라 짝에게 설명하는 과정이 학습 방법으로 이루어져야 합니다. 수학 질문수업의 흐름 중에 짝에게 설명하는 과정이 많은 이유이기도 합니다. 짝에게 반복적으로 설명하다 보면 연습의 기회가 생겨 명확한 개념으로 설명할 수 있게 됩니다.

성취기준	[4수01-16] 분모가 같은 분수의 덧셈과 뺄셈의 계산 원리를 이해하고, 그 계산을 할 수 있다.	
평가기준	상	분모가 같은 분수의 덧셈과 뺄셈을 여러 가지 방법으로 계산하고, 그 방법을 설명할 수 있다.
	중	분모가 같은 분수의 덧셈과 뺄셈을 할 수 있다.
	하	안내된 절차에 따라 분모가 같은 간단한 분수의 덧셈과 뺄셈을 할 수 있다.

7

질문수업의 백미, 짝이동 활동

3 × 1
2 − + ÷

짝이동 활동 준비

"순이가 제 책에 낙서했어요."

"퀸이가 지우개 가루 잔뜩 흘리고 갔어요."

짝이동은 학생들이 다양한 친구를 만나는 만남의 장입니다. 하지만 자칫 잘못하다가는 성토의 장이 되기도 합니다. 바꾸어 말하면 짝이동은 학생들이 다른 사람의 물건을 소중히 다루는 법을 배울 수 있는 절호의 찬스이기도 하지요. 짝이동 활동을 하기 전에 학생들에게 먼저 자신의 책상을 정리하도록 합니다. 자신의 자리를 찾아올 친구를 위한 배려입니다. 또한 깨끗해진 책상은 주의를 집중시켜 학습 효율을 높이는 데도 도움이 됩니다.

"얘들아. 자리 이동할 예정이니 내 자리에 올 친구를 위해 배려를 해 볼까?"

수학 질문수업에서는 수학 교과서 한 권을 함께 읽는 경우가 많습니다. 아무리 사소한 사고도 조치보다는 예방이 낫지요. 짝이동 전에 다른 친구의 물건을 소중히 다루어야 함을 미리 안내하고 시작합니다. 책에 밑줄을 긋거나 찢는 행동은 허락되지 않음을 분명히 해 둡니다. 자신의 교과서가 아닌 책으로 공부함으로써 다른 사람의 물건은 소중하게 다루어야 한다는 것을 머리가 아닌 몸으로 배우는 기회가 됩니다.

물론 아무리 교사가 사전 안내를 해도 누군가는 친구의 책에 자신도 모르게 낙서를 하고 교과서를 구기기도 합니다. 그렇지만 지속적이고 반복적인 교육은 학생들이 친구에 대한 배려와 존중을 서서히 익힐 수 있도록 도울 것입니다.

의미 없는 짝대화 무엇이 문제일까?

짝대화를 시작하면 둘 다 아는 것이 없어 아무 말 대잔치를 하는 건 아닐지 많은 선생님이 걱정하실 것입니다. 그러나 세상에 의미 없는 수다는 없습니다. 그들 나름대로 의미가 있는 대화를 하고 있지만, 다른 이들이 그걸 알아주지 못할 뿐이지요. 교사는 먼저 이 대화를 인정하는 것이 최우선이어야 합니다. 이후에 수업에 맞게 학습 대화를 끌고 올 수 있도록 도와주어야 합니다.

학생들의 의미 없는 대화는 사실 교사가 제시한 발문이 문제인 경우가 많습니다. 학생 수준에 너무 어렵거나 추상적인 질문을 던지면 학생들은 혼란스럽습니다. 그럴 때는 다시 구체적인 상황으로 제시해 줄 필요가 있지요. 교사의 발문을 점검했다면 이번에는 짝이동 활동으로 짝대화에 새로운 숨을 불어넣어 줄 차례입니다.

체육보다 재미있는 수학 수업

처음 학생들이 자리 바꾸는 것을 보았을 때 '이거 정말 질문수업과 찰떡이다'라는 생각이 들었습니다. 이 단순한 행동을 왜 그동안 해보지 않았던 걸까요? 왜 그동안 우리는 40분이라는 시간 동안 의자에 엉덩이를 순간접착제로 붙인 듯 꼼짝도 못 하게 하고 수업을 했을까요? 어른도 40분 내내 엉덩이를 붙이고 있으려면 몸이 비틀리기 시작하고, 배배 꼬이고, 턱을 괴고, 잠이 오고, 엉덩이가 들썩거립니다. 하물며 학생인들 오죽할까요? 자리 바꾸기, 이 작은 원칙 하나가 수업을 바꾸었습니다.

- 활기차다.
- 수업이 쳐지지 않는다.
- 지루하지 않다.

맞습니다. 학생들이 몸을 움직여서 이동하는 행동에만 초점을 두고 이야기해 보자면 잠시 자신의 자리를 바꿈으로써 주위가 환기됩니다. 항상 옆에 있던 자신의 짝이 새로운 친구로 바뀝니다. 게다가 편안했던 자신의 자리가 아닌 다른 친구의 자리로 옮기는 것은 낯선 공간이기에 긴장할 수 있는 시간을 가지게 합니다. 가장 중요한 핵심 포인트! 잠을 잘 수가 없습니다. 종종 수업 시간에 조는 친구들이 있는데, 자리를 옮김으로써 잠을 깰 수 있지요. 편안한 취침이 불가능한 수업 구조입니다. 몸을 움직인다는 측면에서 보자면 학생들이 가장 사랑하는 체육 시간과도 비슷합니다.

짝이동 활동은 학습적인 측면에서 어떤 영향을 미칠까요? 자연수 사칙연산의 경우 연산이 더딘 학생은 당연히 시간이 부족할 겁니다. 수학만큼 학생 수준차가 많이 나는 과목이 드물지요. 이해에 어려움을 겪거나 따라가기 어려워하는 학생이 나타나기 시작합니다. 그러나 계산하는 시간 등 차이가 나는 것을 짚어 주지 않고 놔두어도 짝과 소통하며 찾아갑니다.

처음 짝과 소통한 내용은 더하기가 되어 다음 짝에서 시너지 효과를 냅니다. 앞선 짝으로부터 배운 내용을 두 번째 짝에게 써먹을 수 있기 때문입니다. 틀리거나 달라도 괜찮습니다. 학생들은 서로 지속적인 격려를 끊임없이 합니다. 그러면서 배움이 계속 일어납니다.

"도와줄래?" "도와줘서 고마워!" "네 생각은 어때?" "참 좋은 생각이야. 내 생각은…" 이런 말들이 교실 안에 울려 퍼질 수 있도록 분위기를 만들어야 합니다. 격려와 지지의 말들은 연산을 어려워하던 학생도 자신감을 가지고 순차적으로 배워 가면서 스스로 깨닫고 감동하는 기회가 됩니다.

처음에는 내가 못 풀던 것도 짝을 바꾸면서 배운 내용을 다른 친구에게 설명하면 배움이 폭발적으로 일어납니다. 이때 친구를 배려하며 가르쳐 주었던 학생들은 가르치는 기쁨을 알게 됩니다. 공부를 못하는 학생을 모욕하거나 무시하지 않고, 이 친구들을 어떻게 하면 이해시킬 수 있을지 고민하는 시간이 되는 것이지요. 짝이 바뀌지 않았다면 느끼지 못했을 즐거움입니다. 그렇게 처음엔 못 풀었지만 다른 친구들의 설명을 들으며 조금씩 알아 가고, 가랑비에 옷이 젖듯이 조금씩 이해하고, 점점 다른 친구에게 설명할 수 있습니다. 반복을 통해 이루어지는 것입니다.

어깨 짝, 마주 보는 짝, 자리를 바꾸어 가면서 나와 합이 잘 맞는 친구를 만나기도 하고, 사이가 좋지 않은 친구를 만나기도 합니다. 어색한 친구는 어색한 대로, 친한 친구는 친한 대로 다양한 배움이 일어나는 환경이 저절로 구성되는 것입니다.

하지만 짝 바꾸기로 두세 번 이동할 동안 설명해 줄 수 있는 친구를 만나지 못하면 어떻게 될까요? 그것 또한 걱정하지 않아도 됩니다. 그 둘 중에서도 그나마 나은 학생이 존재하기 때문입니다. 둘 다 완벽하지 않더라도 자신들이 아는 한도 내에서 설명하고 배우게 됩니다.

짝과 설명이 끝난 학생들은 일어나서 친구를 가르쳐 주도록 합니다. 자기 자리를 떠나서 친구가 알 때까지 책임지고 설명하게 합니다.

한 명의 선생님보다 내 옆의 여러 짝이 중요함을 느끼게 되지요.

짝대화의 핵심 요소 짝이동 활동

물론 둘 다 아무것도 모르는 학생을 만나는 경우가 있습니다. 심지어 함묵증이거나 특수학생이 학급에 있을 수 있습니다. 그런 학생들의 경우 짝대화에 참여하기 어려우므로 혼자 있어야 할까요? 아니지요. 질문수업은 모든 학생을 향하는 수업입니다. 우리 반 친구에게 어떤 어려움이 있는지를 알아 가는 것도 배움의 일부입니다. 다만 한 학생에게 짝의 그런 어려움을 오롯이 혼자 감당하게 한다면 짝이 되는 그 학생은 수업 시간은 물론이고 학급 생활이 힘들 것입니다.

이러한 여러 이유들로 짝대화는 짝이동 학습이 필수입니다. 짝을 끊임없이 바꾸어 가며 새로운 친구와 새로운 경험을 할 기회를 만드는 것이지요. 보통 한 차시 수업에 적게는 3~5회, 많게는 10회 가까이 짝을 바꿉니다. 한 시간 동안 여러 명의 친구와 소통할 기회를 제공합니다. 지금 만난 짝이 조금 낯설어도, 나와 불편함이 있어도 곧 새로운 친구를 만난다는 사실은 기대를 줍니다. 그 기대감은 잠깐의 불편함과 낯섦을 극복할 수 있는 인내를 기르는 데 도움이 됩니다.

때로는 다른 이야기를 나눈다 해도 괜찮습니다. 짝이동 활동에서 둘 다 모르는 친구끼리 만나 게임 이야기로 이야기꽃을 피워도 그 다음에 모범생 친구를 만나면 열심히 들으며 고개를 끄덕이는 게 흔히 보이는 학생들 모습입니다.

8

학습의 내면화, 배움 글쓰기

자신과의 대화

질문수업의 마무리는 배움 글쓰기입니다. 지금까지 짝과 대화하면서 학습했다면 배움 글쓰기는 자신과 대화하는 순간입니다. 짝대화가 아니라 자신과의 대화로 배움을 내면화하는 시간입니다.

그래서 잠깐! 쓰기 전에 해야 할 일이 있지요. 뭘까요? 그건 바로 책상 띄우기입니다. 지금까지 책상을 붙여서 짝과 함께했다면 배움 글쓰기는 무조건 독립된 공간을 만듭니다. 물리적으로 공간을 분리함으로써 자신만의 이야기, 자기 속의 배움을 글로 풀어 내는 것입니다.

뭔가를 배운 즉시 글을 씁니다. 오늘 배운 내용 중 좋았던 점, 배운 점, 새로 알게 된 사실, 궁금한 점, 어려웠던 점, 헷갈리는 점, 공부하며 느낀 점 등을 글로 쓰면 됩니다. 참고로 5학년의 경우 줄 공책으로 다섯 줄부터 쓰게 했습니다.

이 글쓰기는 부담이 별로 없습니다. 앞서 쉴 새 없이 짝과 함께 대화하고, 설명하고, 질문하고, 답했습니다. 수포자도 즐겁게 참여할 수 있는 수다를 떨었기에 쓸거리가 많습니다. 대단히 훌륭한 글을 쓰는 게 아니라 자신이 아직 모르는 부분을 확인하고, 배우고, 이해하고, 기억하는 과정을 다루는 것입니다.

학생들은 이 순간 머릿속에 넣지 못한 막혔던 부분과 만나기도 하고, 개념을 파악한 부분을 스스로 정리하게 됩니다. 본인의 생각까지 적다 보면 자연히 배운 걸 곱씹게 되지요. 또한 조금 부족한 부분이나 잘 기억나지 않는 내용은 공책을 넘겨 보며 보충하면 됩니다.

교사 피드백의 도구

배움 글쓰기는 학생들에게는 학습 내면화 과정이지만 교사들에게는 학생들에게 피드백해 주고 교사 자신의 수업을 성찰하는 시간이기도 합니다. 물론 배움 글쓰기를 귀찮아하는 학생들도 종종 있습니다. 그런데도 배움 글쓰기가 중요한 이유는 배운 내용의 이해 여부를 확인하는 소중한 도구이기 때문입니다. 학생이 배운 내용을 어떻게 압축하는지를 보면 이해 정도를 간파할 수 있습니다.

배움 글쓰기를 보면 학생들의 표현의 다양성을 엿볼 수 있습니다. 일기만큼이나 다양한 감정과 형태가 나타나서 재미있습니다. 오늘 친구가 도와줘서 좋았다거나, 오늘은 어떤 선생님과 수업했다거나, 또는 어떤 부분이 어려웠다거나, 뭔가 할 수 있다는 생각이 든다거나, 앞으로 집중하겠다는 다짐 등 교사가 학생들과 소통할 수 있는 대화의 창구가 됩니다. 배움 글쓰기가 안 된다면 그 이유는 딱 하나입니다. 학생들이 배운 것이 없기 때문이라고 생각하면 됩니다.

"오늘은 수업이 어려웠다." 만일 배움 글쓰기에 이런 글이 등장한다면 교사의 이끎질문이나 수업 흐름 과정을 되짚어 보아야 합니다. 반면 "짝의 도움으로 잘 이해했다" 등의 표현은 짝대화가 원활하게 잘 진행되었음을 나타내어 줍니다.

배움 글쓰기로 학생 성장 엿보기

한 학생의 배움 글쓰기로 학습의 흐름과 그때그때의 감정을 살펴보면 좋겠습니다. 이 학생은 5학년이 되어 처음 친 진단 평가에서 낮은 점수를 받았고, 수학에 대한 자존감이 상당히 낮았습니다. 하지만 '체육 소녀'라는 별명이 붙을 만큼 신체 활동에 적극적이고, 솔직한 여학생입니다.

1차시: 단원 개관

원래는 내가 수학 수업할 때 계속 멍 때리고 그래서 문제의 답도 모르고 아무것도 모르고 공부를 못했는데 오늘은 수학인데도 유난히 재미있고 바빴다. 수학이 좀 더 재밌어진 듯도 하고, 질문 만들기도 재미있었다. 이렇게 수석 선생님과 함께하니까 재미있는 것 같다. 솔직히 4학년 때는 멍 안 때리려고 해도 계속 멍을 때렸는데 오늘은 멍 때리지 않고 수업도 잘 들어서 뿌듯하고 기분도 상쾌했다. 매번 수학을 이것으로 하면 좋겠다.

2~3차시: 식의 순서를 배우고

오늘 정말 잘하려고 노력했다. 나중에 어렵지 않으려고 계속 열심히 했는데 마음처럼 안됐다. 너무 속상하고 답답했다. 난 정말 열심히 했는데… 마지막 문제도 나만 틀렸을 것이다. 음… 노력한 만큼 좋은 결과를 얻을 수 있겠지. 조금 더 연습해야겠다.

4차시: 복습

어제는 정말 도무지 이해가 안 갔는데 오늘 다시 하니까 친구들도 잘 가르쳐 주고 담임선생님도 도와주셔서 진짜 또 하고 싶을 만큼이었다. 아니까 재미있었다. 어제 울었다고 얘기하니까 엄마가 수학 학원을 보낼까 말까 하셨는데 오늘 엄청나게 잘했다고 할 것이다. 엄마가 많이 칭찬해 주시겠지?

5차시: 문장제

오늘 내가 열심히 해서 4번까지 손쉽게 풀었다. 아! 진짜 이젠 수학이 정말 좋아! 앞으로 더 열심히 해서 더 좋은 결과 얻을 수 있을 거다. 5번은 헷갈렸지만, 답 매기기 전 다행히 고쳤다. 수학은 알고 보면 재미있는 게임 같다. 재밌다.

6차시: 복습

원래 4학년 때는 수학 시간이 엄~~~~~~~~~~~청 길었는데 지금은 진짜 시간 도둑이 있는 것 같다. 그리고 너무 재미있다. 집중하다가 놓치면 잘 못 따라간다. 그래서 오늘은 집중을 진짜 열심히 했다. 너무 오늘은 기분이 좋다.

수학 수업 잘하려면 순서를 바꿔!

"교직 10년 차에 너처럼 새로운 시도를 많이 하는 사람은 처음 봤어."

옆 반 선생님께 들은 이야기다. 내 열정과 노력을 칭찬하시는 말이었지만 나는 이 말이 전혀 칭찬으로 들리지 않았다. 내 수업과 학급 경영이 잠깐 반짝하고 사라지는 인스타 핫플 같다는 소리로 들렸다. 좋다는 건 주섬주섬 가져왔지만, 본질은 놓친 그런 모양새다. 나에게는 올바른 방향을 보는 '눈'이 필요했다. 전력 질주는 출입구를 찾았을 때나 할 수 있는 일이었다. 막다른 길로 달리고 있다는 걸 안다면 누가 전력 질주를 하겠는가?

그 길이 맞는지 아닌지 모르고 그냥 냅다 뛴다고 절대 성공적인 수업에 도달할 수 없다. 왜 나는 날마다 수업 준비를 하고 연수를 듣고 노력하는데도 그런 자신감이 들지 않는 걸까? 주먹구구식 하루살이 교사 인생 제발 좀 청산하고 싶다.

요즘 잘나가는 자기계발서를 보면 다들 경영이니 시스템이니 그런 말을 하는데. 교사도 교실에 수업 시스템 좀 구축하면 어때? 아니! 그런 수업 구조가 필요하다. 학생들에게는 배움이, 교사에게는 여유와 자신감을 주는 그런

수업 구조 말이다. 이런 고민이 나뿐일까? 나보다 훨씬 경력이 많은 선생님도 이렇게 말씀하시는 경우를 종종 본다.

"수업은 갈수록 어려워."

왜 한 분야에 20년, 30년이 된 교사도 수업이 어렵다고 할까? 수업이 좀 쉬우면 안 되나? 어딘가에는 분명 수업이 쉽고 재미있다고 말하는 사람이 있을 것이다. 그 사람을 찾아 배워야겠다. 성공하려면 잘하는 사람 따라 하면 된다는데. 한 유명 1타 영어 강사는 시중에 나온 영어 강의를 1만 시간을 들었다나 뭐라나. 나는 100시간이라도 좀 파 보자. 그럼 1타까지는 아니라도 2타, 3타는 될 수 있을지 모르잖아?

그래. 교사로서 교수 역량을 키우려면? 학생들을 잘 배우게 하려면? 바로 모방, 본받기다. 1타 강사처럼 잘하는 사람을 보고 따라하는 거다. 그러고 보니 지금까지 나에게는 교수 역량을 키울 수 있는 본받기, 모방의 시간이 없었다. 그래서 배우고 싶었다. 그러던 어느 날 연수장에서 수석 선생님을 만나 수업 비법 좀 배우고 싶다고 졸랐다.

"개가 순이를 물었다."

"순이가 개를 물었다."

어떻게 하면 교수 역량을 강화할 수 있느냐는 내 질문에 뜬금없이 두 문장의 차이점을 말하라고 하신다. 음, 차이가 뭐지? 분명 다른 이야기이다. 그런데 사용된 단어는 동일하다. 주어와 목적어의 단어 배열이 다르다. 같은 단어라도 순서가 달라지면 의미가 달라진다. 코딩도 마찬가지다. 명령어의 올바른 순서로 프로그래밍해야 원하는 결과를 얻을 수 있다. 같은 명령이라도 순서를 뒤섞어 프로그래밍하면 원하는 결과를 얻을 수 없다. 수업도 마찬가지라는 것이다.

아! 순서. 배열.

마치 요리사가 음식을 만들기 위한 레시피 같은 것일까? 요리에는 분명 순서가 있다. 바뀌어도 되는 것과 절대로 바뀌어서는 안 되는 순서가 있다. 또 재료의 용량, 가장 맛있는 음식이 되기 위한 고수만의 요리 순서와 정량을 배운다면 우리는 그 음식을 만들 수 있다. 최고의 요리사는 최고의 음식을 만들기 위해서 몇 년간 시행착오를 거치면서 레시피를 완성했을 것이다. 그 기술을 본받으면 몇 년의 시간을 절약하게 된다.

그렇다면 질문수업에도 레시피가 있다는 뜻 아닌가.

수석 선생님께서는 모든 교사가 기본적인 재료를 전부 가지고 있다고 말씀하신다. 나도 가지고 있다. 재료를 가지는 것도 중요하지만 있는 재료를 훌륭하게 활용할 수 있는 전략이 필요하다. 수업 레시피를 배운다면 그것을 나도 할 수 있게 될 듯하다.

배움의 기본, 모방과 본받기. 이건 내가 쉽게 할 수 있는 것이다. 수업 레시피를 받아서 나도 고수가 되고 싶다는 열망에 불타올랐다. 수업 전문가! 수업이 기대되는 교사, 그 길에 나도 같이 가고 싶다.

짝이 홀수일 때는 어떻게 앉을까?

초롱 샘 수학 질문수업에서는 2인 1조의 짝활동이 필수잖아요. 저희 반은 짝수라서 짝활동이 잘 이루어져 왔어요. 그런데 한 명이 결석을 했어요. 갑자기 홀수인 학급이 되어 버렸지요. 짝을 이루고 나니 남은 한 명은 혼자서 학습하게 되었어요. 이럴 땐 어떻게 해야 할까요? 너무 사소한 질문인가요?

수진 샘 사실 저도 마찬가지였어요. 처음에 한 명이 남았을 때 혼자 학습하게 했거든요. 그런데 수학 질문수업을 참관하다 보니 바로 알겠더라고요. 혼자 남겨 두지 않고 세 명이서 학습하는 거예요. '짝의 형태는 2인 1조'라는 생각에 갇혀서 세 명이 대화하도록 할 생각을 왜 못했는지 제 스스로 답답하더라고요.

수석 샘 일대일의 관계, 짝활동 구조가 얼마나 좋은지 알겠죠? 짝이 홀수일 때는 자리를 이동하는 것도 고민이 될 수 있어요. 짝 이동은 둘 중 한 명이 이동해야 하는데 세 명이 짝인 경우는 그 차례가 다른 짝과 달라 어렵게 느낄 수 있어요. 가운데 한 명을 매번 남기기도 어렵고 공평하게 번갈아 가며 돌게 하는 것도 신경이 쓰이잖아요. 그럴 때는 한 번은 한 명이 다음 차례는 나머지 두 명이 동시에 이동하여 세 명 모두 번갈아 가며 이동할 수 있도록 해 보세요.

세 명이 함께할 때 알아야 할 점이 한 가지 더 있어요. 세 명이 하는 그룹은 두 명이 활동하는 학생들보다 시간이 조금 더 필요해요. 교과서를 두 명은 한 권으로 보지만 세 명은 두 권이 필요하잖아요. 순서를 정하는 것도 차례를 넘겨받는 것도 시간이 조금 더 소요될 수 있어요. 또 어떤 순간에는 세 명 중 두 명만 활동하고 한 명이 소외될 수도 있어요. 그러나 이런 문제를 너무 신경 쓰지 마세요. 짝이동이 이루어지면 금방 그 학생들도 2인 1조의 짝 형태로 학습이 진행되니까요.

짝이동은 번갈아, 한 차시 안에

초롱 샘 질문수업이 자리 잡으며 짝이동 활동의 효과를 톡톡히 보고 있어요. 학생들에게 공평하게 하려고 하루는 바깥쪽, 하루는 안쪽 이렇게 움직이고요. 그런데 고학년이라서 그런지 움직이는 걸 싫어해요. 어제 자기네 쪽이 돌았다고 뻔한 거짓말을 하기도 하고요. 공평하게 하고 있는데 왜 선생님을 속이느냐고 혼을 내긴 했는데 마음이 불편해서요. 짝이동 활동이 잘 되려면 어떻게 해야 할까요?

수석 샘 짝이동은 번갈아 가며 해야 한다고 했지요? 이때 번갈아 가는 건 하루씩이 아니라 한 차시 수업 시간 안에 이루어져야 합니다. 한 번은 왼쪽 친구들이 움직이면 다른 한 번은 그 짝이 움직여야 해요. 한 시간 내내 한 쪽만 움직여야 한다면 지금처럼 불만을 가지는 학생이 생길 수 있어요. 처음 순번만 피하면 한 시간 내내 앉아 있을 수 있으니까요. 고민이 해결되었으면 좋겠네요.

수진 샘 저는 처음부터 수석 선생님이 수업하시는 걸 봐서 그런지 짝이동 방법에는 오류가 없었는데 그럴 수도 있겠네요. 하루가 아닌 한 시간 안에 자리 이동을 모두가 해야 한다는 것, 잊지 말자고요. 이제 우리 반은 자리 이동의 고수들이에요. 제가 말하지 않아도 착착! 척척! 이동한답니다. 한 번에 두 칸씩도 이동하고, 대각선으로도 이동하고요. 익숙해지면 학생들이 알아서 잘할 테니 기대하세요.

다양한 짝이동으로 수업에 활기를 주자

수진 샘 짝이동 활동에 고민이 많은 초롱 선생님에게 한 가지 팁을 드리고 싶어요. 수학 질문수업에 주로 활용하는 것이 징검다리 이동이지만 실제로는 더 다양한 짝이동 방법이 있어요. 짝이동 활동하는 것을 원칙으로 하되 움직이는 방법이 다양할 때 지루함을 덜 수 있어요. 처음 수업 참관을 할 때는 복잡해 보였는데, 실제로 해 보니 쉽더라고요. 중요한 것은 시도해 본다는 것이겠죠.

초롱 샘 저는 지금까지 징검다리 짝이동 활동만 해 왔어요. 1교시에 징검다리 이동을 하고 2교시에 또 하게 되면 하루에 만나는 친구들이 거의 비슷해져서 안 그래도 고민이었거든요. 새로운 방법을 알고 싶어요.

수석 샘 징검다리 이외에도 대각선 이동, 물레방아 이동, 무작위 이동 등을 학생들과 미리 익혀 보고 다양하게 만들어서 하시면 좋습니다. 다양한 방법을 시도해 보고 이후에는 학생들에게 짝이동 방법을 선택하게 하는 것도 좋고요.

[다양한 짝이동 방법]

1. 징검다리 이동

ㄷ자 좌석 배열에서는 짝 중 오른쪽 학생이 먼저 일어나서 오른쪽으로 이동한다. 짝대화를 한 후, 왼쪽 학생이 일어나서 왼쪽으로 이동한다. 이후 다시 오른쪽 학생이 오른쪽으로 이동하는 방법이다. 2인 1조 일자형 배열에서는 오른쪽 학생이 뒤로 가고 왼쪽 학생이 앞으로 이동하는 방법으로 활용할 수 있다. 하다 보면 익숙해져서 두 칸씩도 이동하기도 한다.

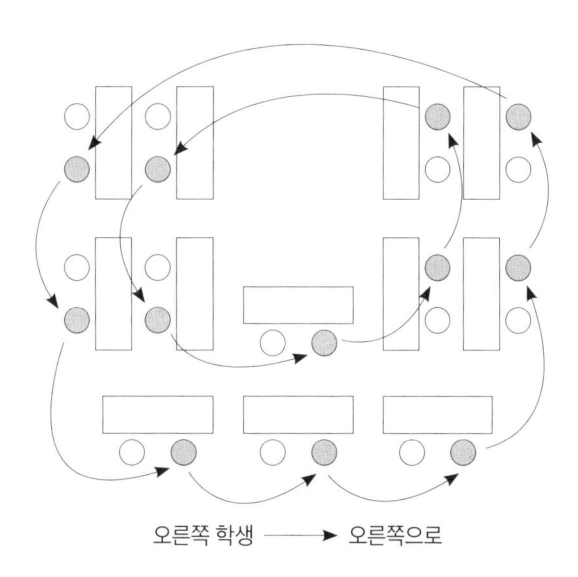

2. 대각선 이동

ㄷ자 구조에서 안쪽 줄의 짝 중 한쪽은 오른쪽 학생이, 바깥쪽에 앉은 학생은 왼쪽 학생이 이동하는 방법이다. 말 그대로 대각선의 학생들이 이동한다. 글만 읽어서는 이해하기 어렵듯 학생들도 많이 헷갈리고 어려워하는 방법이다. 선생님이 짝이동 방법을 처음에 자세히 알려 주면 그다음엔 학생들이 잘 이동할 수 있다.

징검다리 이동만 하다가 대각선 이동으로 은근슬쩍 바꿔 보자. 그러면 학생들은 본인이 예상했던 친구가 아닌 다른 친구를 만나야 한다. "원래대로 해요" 하며 아쉬워하기도 하고 "앗싸, 민국이다" 하며 기뻐하기도 한다.

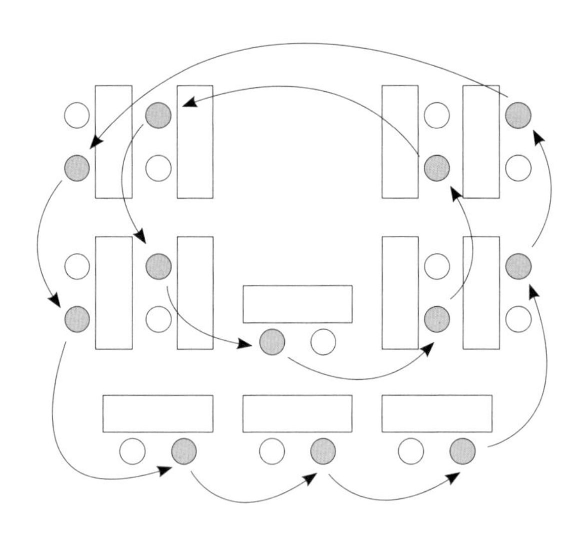

3. 물레방아 이동

체육 시간에 한 번쯤 해 봤던 포크댄스 형태로 안쪽 원과 바깥쪽 원의 사람이 짝을 이루어 빠르게 이동한다. 물레방아 이동도 춤추는 것처럼 동시에 움직이며 경쾌하고 신속하게 짝이 바뀐다.

이동하는 방법이 회전 초밥과 닮아 있어 일명 회전 초밥 이동이라고도 불린다. ㄷ자 구조에서 안쪽에 앉은 학생들이 의자를 돌려 바깥쪽 학생들을 향해 앉으면 끝, 생각보다 간단하다. 학생들은 책상을 사이에 두고 마주 앉아 교사의 '하나, 둘, 셋'이라는 구호에 맞추어 '오른쪽으로 이동'한다. 안쪽 학생과 바깥쪽에 앉은 학생이 동시에 움직이기 때문에 자리 이동에 대한 불만이 없다.

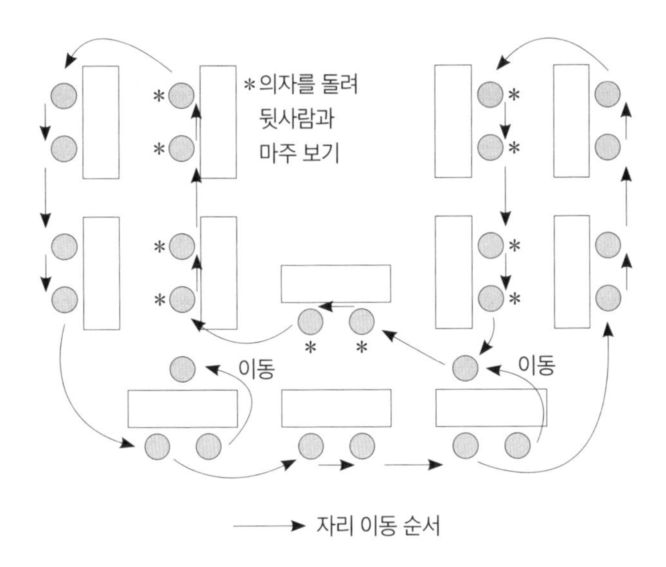

4. 무작위 이동

수학 시간의 경우 문제 해결을 먼저 마친 학생이 짝에게 설명하고 이해시킨 후 자리에서 일어나 도움이 필요한 친구를 찾으러 다닌다. 문제를 풀다가 어려운 학생은 살짝 손을 들면 된다. 교사는 일어나서 다니는 학생이 전체의 반 이상을 넘었을 때 중단하면 된다.

또 다른 무작위 이동은 짝과 가위바위보를 해서 이긴 학생이 가고 싶은 자리로 규칙 없이 이동하는 방법이다. 이 방법을 해 보면 학생들의 교우 관계까지 파악할 수 있고, 학급에서 어떤 학생이 인기 있고, 어떤 학생이 소외되는지 알 수 있게 된다. 자주 쓰진 않았고 한 번씩 주위를 환기할 때 썼다.

5. 대열 만들어 이동

자신의 좌석에서 벗어나서 교실의 넓은 공간이나 복도, 또는 학교의 빈 공간에서 학생들이 두 줄로 앉아서 대열을 만든다. 세로로 긴 두 줄을 생각하면 된다. 교과서, 공책, 연필 등을 모두 털어 내고 가벼운 마음과 몸으로 서로 생각을 나누는 이동이다.

예를 들면 A4 용지 한 장에 질문 하나만 적고 짝과 함께 서로의 생각을 이야기할 때 좋았다. 일렬로 앉아 있기에 학생들의 헷갈림도 줄어 들었다. 한쪽 줄만 뒤로 한 칸씩 이동하기 때문에 간단하다.

첫 번째 짝과의 만남은 아쉽게 30초

초롱 샘 짝대화를 할 때 시간을 얼마나 주어야 할까요?

수진 샘 저는 처음에 짝대화 시간을 2분 정도 주었어요. 그런데 수업을 참관해서 보니 짝대화 시간이 굉장히 짧다는 사실을 알게 되었어요. 평균적으로 처음 짝과 30초 정도의 시간을 갖더라고요. 놀랍게도 그 짧은 30초가 학생들에게 학습의 디딤돌 역할을 하는 것을 자주 보게 되었어요. 그 내용을 아는지 모르는지를 느낄 정도의 시간, 전혀 모르는 학생은 짝과 한두 마디 정도 밖에 못 나누는 시간이었어요. 그런데도 수석 선생님께서 처음 짝과는 시간을 정말 짧게 주시더라고요. 그리고 짝이동을 하면 그 다음부터 학생들은 본격적으로 질문을 파고 들면서 해결하려고 하는 경향성을 보였어요.

수석 샘 첫 번째 짝과의 학습 대화는 학습을 위한 마중물이에요. 그래서 깊이 있는 대화를 할 필요가 없습니다. 처음부터 이해가 잘되고 설명이 잘되는 학생도 있지만 시작이 어려운 학생들도 많답니다. 그래서 의미 없이 던진 단어들과 짝과 나눈 몇 마디가 우리 두뇌의 마중물이 되어 두 번째 짝과 학습 탐구가 일어납니다. 이때는 처음 준 시간보다 긴 1~2분 내외로 주어 충분한 대화가 이루어지도록 해 주면 좋습니다. 질문의 난이도에 따라 두 번째 짝에서 마무리되기도 하고 그다음 짝을 또 만나기도 합니다. 짝이동 타이밍과 시간은 간단하지만 질문수업의 중요한 핵심이기도 합니다.

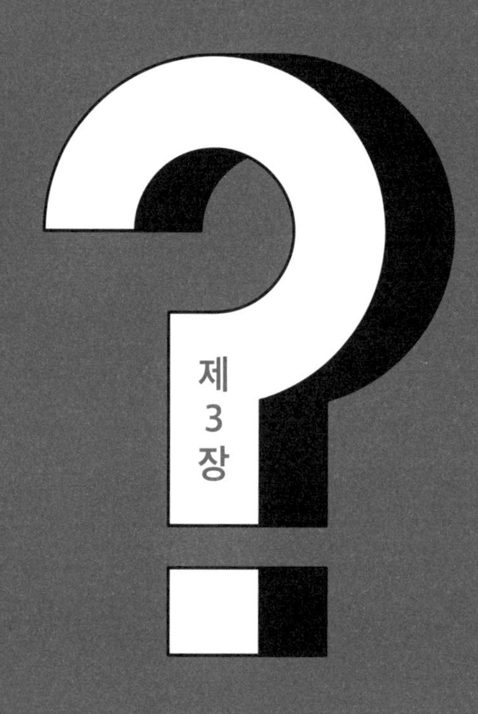

수학 질문수업으로 성장하기

진도와 성적, 두 마리 토끼 잡기

초롱 샘 질문 놀이, 대화, 짝이동 활동, 설명하기 등의 기법만으로도 수학 질문수업을 시작할 수는 있겠어요. 그런데 학습 목표에 근접하여 잘 이끌고 있는지 고민이 될 때가 많습니다. 게다가 수학 진도가 너무 느린 것 같아서 고민도 됩니다. 시간표 조정을 하지 않고서는 도저히 교과서 진도를 끝까지 해내지 못할 것 같아요. 저 혼자 마음 바쁘게 동동거리고 있어요. 그래서 수학을 두 시간 했더니 학생들이 주리를 틀면서 힘들어하고요.

수진 샘 수학 질문수업을 참관한 선생님들이 자주 묻는 질문이 있어요.

"이렇게 수업하면 진도는 언제 나가요? 시간 엄청 많이 걸릴 것 같은데…"

그때마다 저는 자랑스럽게 대답했지요.

"저는 동학년 선생님들보다 진도가 한 달 정도 빨랐어요."

이게 가능한 일인가 싶지요? 그 비결은 바로 교육과정 재구성에 있어요. 교과서의 차례를 그대로 따르지 않고 성취기준을 분석해서 순서를 재배치하거나 요리조리 묶는 것이지요. 이게 바로 교사 교육과정이 됩니다.

자연수 혼합계산의 재구성을 보셨잖아요. 그 구조에는 기본적으로 학습-반복-피드백이 들어가요. 이 세 가지가 중심으로 자리를 잡고, 학습 내용을 구성하면 끝! 그러니 진도라는 것에 꽉 매어 답답하지 않을 수 있었어요. 오히려 학생들의 수준과 상태에 따라 차시를 더 늘리거나 줄일 수 있어서 편했지요.

이쯤 되면 학생들의 성적이 잘 나왔는지 궁금하지요? 자랑 같지만 수행 평가는 모두 '상'으로 나왔고, 매번 치는 단원 평가와 학기 말에 쳤던 평가 결과도 평균 90점이었어요.

반드시 수업과 평가가 하나로 이루어지는 형태로 수업을 구성해야 합니다. 이 부분은 질문수업 전문가이신 수석 선생님께 여쭤보도록 해요.

1

성취기준과 평가기준 및 핵심질문

교과서는 집필자의 교사 교육과정

수학 수업 진도가 너무 느리다고요? 시간을 조정하고 증배했는데도 학생들의 성적이 오르지 않는다고요? 도대체 수학 진도라는 것은 무엇이 결정하고 있을까요? 수학 시수는 수학 교과에 안배되어 있는 연간 기본 시수에 증감을 하며 사전에 조율하게 됩니다. 이때 각 단원별로 배워야 할 시간 수도 조정하게 되지요. 진도가 느리다는 것은 이 조정된 시간 수가 학습하기에 모자란다는 의미겠지요.

혹시 그것이 수학 교과서와 수학익힘책의 분량에 매여서 그런 건 아닐까요? 이 두 책과 정해진 시간 수에 매여 학생들을 지도하고 있기 때문은 아닐까요? 교과서를 그대로 따라 배워야 할 이유는 없습니다.

교과서는 없어도 됩니다. 우리가 교과서를 선택하는 이유는 단지 모든 학생이 학습을 하는 데 편리하게 활용하기 위함일 뿐입니다. 그런데 마치 그 내용을 모두 해야 하는 것처럼 착각하고 있는 건 아닐까요?

물론 수학 교과서는 성취기준을 달성하기 위해 차시별로 단계에 맞추어 잘 짜여져 있지요. 그래서 활용하는지도 모르겠습니다. 그러나 교과서는 집필한 사람의 생각이 담겨 있는 책입니다. 성취기준에 맞게 만들어진 집필자의 교사 교육과정인 것이지요.

질문수업을 위한 교사 교육과정

지금까지 질문수업, 학생들의 배움 효율과 효과를 최대한으로 높이기 위한 수업 방법을 살펴봤습니다. 교실의 자리 배치, 2인 1조 짝대화, 짝이동 활동, 까바놀이와 까만놀이 등이 질문수업의 기본 포맷입니다. 이 기본 포맷을 가지고 교육과정을 재구성할 예정입니다.

첫 번째로 해야 할 것은 교육과정, 즉 성취기준을 분석하는 일입니다. 그런데 여기서 질문 한 가지! 수학 교과서는 성취기준을 달성하기 위해 차시별, 단계별로 잘 짜여져 있다고 했는데 굳이 재구성을 해야 할 필요가 있을까요? 맞는 말입니다. 그래서 교과서를 활용할 겁니다. 단지 교과서의 순서를 재배열할 예정입니다. 질문수업의 포맷에 맞게 재배열하여 활용하면 됩니다. 교과서를 활용하되 이끎질문에 따라 순서를 조합할 예정입니다.

교사 교육과정, 교육과정 재구성이라고 해서 거창할 것은 없습니다. 성취기준을 분석하고, 평가기준을 마련하고, 단위 수업에서 핵심질문을 만들고, 그에 따라 이끎질문을 제시할 수 있고, 그것이 과정중심평가의 단계에 맞게 이루어진다면, 수학 질문수업은 선생님에게도 학생들에게도 자연스레 흘러가게 될 것입니다.

교육과정을 재구성해야 핵심질문과 이끎질문을 구성할 수 있고, 이끎질문의 단계에 따라 과정중심평가 즉 학습 피드백 구조를 만들 수 있습니다. 수학 질문수업에 있어서 제2장 '수학 질문수업을 열다'가 레벨 1이라고 한다면 이번 장은 레벨 2라고 할 수 있겠지요. 레벨이 올라간다고 해서 엄청나게 어려워지지 않습니다. 교육과정 재구성이나 과정중심평가에 이해도가 높은 교사라면 더더욱 재미있고 흥미롭게 접근할 수 있습니다.

이제 수학 질문수업에서 성취기준, 평가기준, 평가 문항, 핵심질문, 이끎질문을 어떻게 찾아내야 할지 차근차근 살펴보겠습니다.

성취기준과 평가기준

성취기준을 살펴보는 일은 별로 어렵지 않습니다. 쉽게 분석할 수 있습니다. 수업이 하나의 요리라고 생각한다면 성취기준 속에는 요리를 위한 재료와 요리 방법이 들어 있습니다. 이것이 성취기준을 살펴봐야 할 중요한 이유이기도 합니다. 수업에 활용할 중요 단어를 찾아서 재료를 준비해 볼까요?

5학년 1학기 다각형의 둘레와 넓이에 관한 내용으로 살펴보겠습니다. 교과서에 제시된 주제는 〈평행사변형의 넓이 구하기〉입니다. 성취기준 속에 들어 있는 중요 단어를 찾아내어 효율적이고 효과적으로 수업을 요리해 봅시다. 이때 평가기준의 경우 한국교육과정평가원에서 제시하는 평가기준을 활용하면 좋습니다.

성취기준을 찬찬히 읽으면 요리할 재료와 요리 방법을 발견하실

<table>
<tr><td>단원</td><td colspan="2">5학년 6단원. 다각형의 둘레와 넓이
학습 주제 : 평행사변형의 넓이를 구하기</td></tr>
<tr><td>성취기준</td><td colspan="2">[6수03-06]
평행사변형, 삼각형, 사다리꼴, 마름모의 넓이를 구하는 방법을 다양하게 추론하고, 이와 관련된 문제를 해결할 수 있다.</td></tr>
<tr><td rowspan="3">평가기준</td><td>상</td><td>평행사변형의 넓이를 여러 가지 방법으로 구하고, 그 방법을 설명할 수 있다.</td></tr>
<tr><td>중</td><td>평행사변형의 넓이를 구하는 방법을 알고, 그 넓이를 구할 수 있다.</td></tr>
<tr><td>하</td><td>안내된 절차에 따라 평행사변형의 넓이를 구할 수 있다.</td></tr>
<tr><td>평가 문항</td><td colspan="2">평행사변형의 넓이 구하는 방법을 설명할 수 있고
넓이를 구할 수 있다.</td></tr>
</table>

수 있습니다. 우선 요리 재료는 평행사변형과 삼각형과 사다리꼴과 마름모입니다. 그리고 요리 방법은 바로 추론이지요. '추론'이 뭘까요? 이미 알려진 정보를 근거로 삼아 다른 판단을 이끌어 내는 것입니다. 그렇습니다. 평행사변형의 넓이를 구하려면 앞서 배운 직사각형의 넓이 구하는 방식에서 추론할 수 있도록 해야 한다는 것이지요. 또한 평가기준 역시 넓이만 계산해서 구하는 것이 아닙니다. 그 넓이 구하는 방법을 설명할 수 있는 단계까지 가도록 되어 있습니다.

성취기준과 평가기준을 보았으니 차시별 평가 문항을 만들어 볼까요?

이 수업에서는 추론과 방법 설명이 핵심입니다. 방법을 알고 설명할 수 있다면 답을 계산해 내는 것은 너무 쉽게 해결되지요. 여기까지의 분석은 꼭 질문수업이 아니어도 어떤 형태의 수업에서나 마찬가지입니다. 수업을 위한 기본적인 분석인 것이지요. 그렇다면 이제부터는 질문수업에 본격적으로 들어가겠습니다. 질문수업의 핵심은 핵심질문과 이끎질문입니다.

핵심질문과 평가 문항

핵심질문이 뭘까요? 학습 목표를 구현하기 위한 질문입니다. 바꾸어 말하면 최종 평가에 도달하기 위한 질문이지요. 평가 문항을 구체적이고 본질적인 질문으로 바꾸어 제시하는 것이 핵심질문이라고 할 수 있습니다. 질문수업에서 핵심질문은 수업의 나침반이 됩니다. 무엇을 배우는지 끝까지 초점을 놓치지 않고 나아갈 수 있게 도와주지요.

평가 문항	평행사변형의 넓이 구하는 방법을 설명할 수 있고 넓이를 구할 수 있다.
핵심질문	평행사변형 넓이는 어떤 방법으로 구할까?

학습 주제가 평행사변형의 넓이 구하기이지만 식을 알고 그저 넓이의 값만 구하면 되는 것이 아니지요. 성취기준과 평가 문항에서 살펴보았듯 단순히 계산의 값만을 요구하는 것이 아닙니다. 추론 과정을 거쳐 넓이 구하는 방법을 찾아내는 것입니다. 그래서 핵심질문은 "평행사변형의 넓이는?"이 아니라 "평행사변형의 넓이는 어떤 방법으로 구할까?"가 됩니다. 그러면 이 핵심질문에 따른 이끎질문을 만들어 볼까요?

2

이끎질문 그리고 과정 평가

3 × 1
— ÷
2 +

이끎질문과 평가 단계

이끎질문이란 무엇일까요? 말 그대로 학생들을 이끌어 주는 질문입니다. 어디로 이끌까요? 핵심질문에 도달하기 위해 단계별로 이끌어 가는 것이 바로 이끎질문입니다. 핵심질문은 성취기준과 평가기준에 따라 비교적 쉽게 만들 수 있습니다. 이끎질문은 교과나 학생의 수준, 교사의 의도 등에 따라 다르게 제시될 수 있습니다. 그러나 학습 단계에 따라 순서를 밟아 올라가야 하는 것은 같겠지요.

이끎질문을 만들 때 벤저민 블룸(Benjamin S. Bloom)의 사고 수준 단계와 정의적 영역 단계를 참고해 보세요. 이끎질문은 지식, 이해 단계부터 시작하여 종합·평가 단계로 제시했을 때 학습에 효과적입니다.

첫 단계부터 종합이나 평가 질문에 해당하는 것을 제시한다면 어떻게 될까요? 인지적 사고 수준 단계에도 역행하고 단계적 피드백도 어려우므로 학습 효과가 떨어질 수 있습니다.

질문 위계로 볼 때 종합 질문은 블룸의 정의적 영역 단계에 따른 질문을 생성하여 활용하는 것도 좋습니다. 수용, 반응, 조직화, 인격화 등을 활용할 수 있지만 단위 시간 내에 다 활용하기에는 어렵습니다. 종합 질문에 가치 질문을 더하여 "나라면", 혹은 "우리라면" 등 감정이입이 되는 내용으로 활용해 볼 수도 있습니다. 질문의 위계에 따라 지식 학습에서 정의적 배움으로, 삶의 장소로 변환할 수 있도록 도움을 줄 때 이끎질문의 효력이 발휘됩니다.

영역	질문의 내용
지식	학습한 내용에 관한 질문.
이해	학습한 내용의 의미를 파악하는 능력을 위한 질문.
적용	이미 배운 내용인 개념이나 규칙, 원리를 가져와 응용할 수 있게 도와주는 질문.
분석	구성 요소의 상호 관계를 이해하고, 주어진 자료의 구성 및 내용을 분석하도록 도와주는 질문. 비교 분석을 위해서는 주어진 내용 중에 두 가지 이상의 개념을 가져와야 함. 인물 간의 관계, 특징을 알아보기 위한 과정.
종합	여러 요소나 부분을 모아 새로운 체계를 만들 수 있는 질문.
평가	작품, 자료 등에 대하여 가치 판단을 내릴 수 있는 질문.

블룸의 사고 수준 단계

그렇다면 수학 질문수업에서는 어떨까요? 지식-이해-적용-분석-종합·평가의 단계를 잘 활용할 수 있을까요? 수학과 역시 사고 수준 단계를 거쳐서 학습하게 됩니다. 그렇다면 핵심질문 "평행사변형 넓이는 어떤 방법으로 구할까?"에 따른 이끎질문이 어떻게 구성되는지 살펴보겠습니다.

이끎질문 1) 평행사변형은 왜 밑변이 두 개일까?

평행사변형의 넓이를 구하는 공식에 앞서 평행사변형이 무엇인지, 어떤 모양인지 살펴보고 이해하는 과정입니다. 평행, 사변형이라는 지식이 동원되어 '평행사변형'이라는 도형을 이해하게 되지요. 이끎질문을 통해서 자신이 가지고 있는 지식과 함께 이해 과정을 거칩니다. 이해, 적용의 단계입니다.

이끎질문 2) 직사각형과 평생사변형 넓이 구하기의 차이는?

추론 과정입니다. 앞서 배운 직사각형 넓이 구하는 방식에서 평행사변형의 공식을 찾아내는 과정이지요. 이미 가지고 있는 지식인 직사각형의 정보가 바탕이 됩니다. 이것을 통해 평행사변형의 넓이 구하는 공식을 도출해 나갑니다. 분석의 단계입니다.

이끎질문 3) 평행사변형의 넓이는?

자신이 도출한 공식을 가지고 여러 가지 형태의 평행사변형 넓이를 계산하고 설명하는 학습 과정입니다. 종합의 단계입니다.

평가 수준 / 평가 단계			평가 시기	이끎질문
◎	잘함	다양한 평행사변형의 넓이를 자신의 방식으로 구하고 설명할 수 있다.	3차	평행사변형의 넓이는?
○	보통	직사각형 넓이 구하는 공식을 활용해서 평행사변형 넓이 구하는 방법을 설명할 수 있다.	2차	직사각형과 평행사변형 넓이 구하기의 차이는?
△	노력 요함	질문 놀이를 통해 평행사변형의 구조를 알 수 있다.	1차	평행사변형은 왜 밑변이 두 개일까?

평가 단계별 이끎질문

이렇듯 수학과에서도 사고 수준 체계에 따라 이끎질문이 형성되고 평가 단계가 만들어집니다. 이것이 곧 과정중심평가입니다. 학습이 바로 평가가 되어 피드백이 이루어지고 학습력을 올릴 수 있게 됩니다.

3

과정 중심 피드백 질문수업 디자인하기

이제 수업입니다. 핵심질문, 이끎질문, 평가까지 준비가 완료된 수업은 어떻게 진행할 것인가가 중요하지요. 설계가 완벽하더라도 현장에서 수업하는 방법이 일방적 가르침이라면 아무 소용이 없습니다. 학생들의 배움이 극대화될 수 있는 방법으로 수업이 진행되어야 합니다. 질문수업은 그중 하나의 방법입니다.

2장에서 배운 질문수업 기본 포맷을 적용하여 이제 수업을 진행하면 됩니다. 참 쉽지요? 그래도 수학 질문수업이니 교과의 특성을 살려 한 차시의 수업을 살펴보도록 하겠습니다. 수업에서 무엇보다 중요한 것은 학생들의 참여입니다. 그 참여를 지속적으로 이끌기 위해서는 수업 속에서 피드백이 계속적으로 일어나야 합니다.

- 모든 학생이 학습에 참여하게 할 것인가?
- 학습의 단계별 피드백을 어떻게 할 것인가?
- 학습자 스스로의 질문과 대화가 있는가?

이러한 과정을 잘 이끌기 위한 질문수업의 주요 요소가 짝대화입니다. 짝대화만 잘되어도 학습 피드백이 이루어져 학생들의 학습력을 끌어올려 줄 수 있습니다. 짝이라는 존재 그 자체가 바로 학습의 도구이며 평가의 도구가 되기 때문입니다. 이제 짝대화를 활용하여 수업 시간을 효율적이고 효과적으로 사용할 수 있는 수업 흐름도를 만들어 보겠습니다.

이끎질문 1) 평행사변형은 왜 밑변이 두 개일까?

- 그림 까바놀이 / 까만놀이
  - 위에 있는 것도 왜 밑변이라고 할까?
  - 밑변 사이를 왜 높이라고 할까?
  - 평행사변형은 왜 평행이라고 할까?
- 주어진 평행사변형에 밑변과 높이 표시하기
  - 높이는 어떻게 측정할까? 밑변의 수선
  - 수선에 대한 개념이 명확하지 않다면 학습 되돌리기

그림(도형)을 자세히 보기 위해서 그림 까바놀이를 1분간 실시합니다. 이때 학생들은 밑변, 높이 등의 위치를 살펴보게 되지요. 자연스레 밑변이 왜 두 개인지 궁금해집니다. 이것을 그대로 이끎질문으로 끌고 와서 수업을 진행합니다. 까바놀이와 까만놀이는 짝과 함께 진행합니다. 따라서 놀이 자체가 피드백 구조를 지닙니다. 자신이 발견하지 못한 것을 짝과의 놀이를 통해서 발견하기도 합니다.

이끎질문 2) 직사각형과 평행사변형 넓이 구하기의 차이는?

- ① 평행사변형을 잘라서 직사각형으로 만들기
- ② 직사각형의 넓이 구하는 공식으로 넓이 구하기
- ③ 가로×세로 vs 밑변×높이 비교하기
- 평행사변형의 넓이 구하기
  - 왜 밑변과 높이를 구해야 하는지 직사각형과 비교하면서 짝에게 설명하기

직사각형 모양의 종이를 잘라서 평행사변형을 만들고 도형의 변화 모습에서 공식을 도출합니다. 이 과정에서도 학생들은 짝과의 상호작용을 통해서 배우고 피드백을 받게 됩니다. 물론 전체적인 피드백은 교사의 몫입니다. 짝이동 활동이 과정중심평가 즉 피드백이 되는 구조라고 하는데 그러면 언제 짝을 바꾸어야 할까요?

첫 번째 짝

- ①번: 평행사변형을 잘라 직사각형을 만들고 짝에게 설명한다.
- 자리 이동하여 짝을 바꾼다.

두 번째 짝

- ①번을 새로운 짝에게 다시 설명한다.
- ②번: 직사각형 모양으로 평행사변형 넓이 공식을 도출하고 짝에게 설명한다.
- 자리 이동하여 짝을 바꾼다.

세 번째 짝

- ②번을 새로운 짝에게 다시 설명한다.
- 교사와 함께 확인한다.
- ③번: (가로×세로) vs (밑변×높이) 비교하기를 해결하고 짝에게 설명한다.
- 자리 이동하여 짝을 바꾼다.

한 명의 짝에게만 설명하지 않고 다른 짝에게도 반복하여 설명할 수 있게 할 때 자기 피드백과 짝 피드백이 잘 이루어집니다. 또한 학생 상호 간의 피드백은 학습 정서를 긍정적으로 만드는 데 도움이 되지요. 교사의 피드백이 너무 촘촘하면 학생들은 과도한 학습으로 느껴져 학습 흥미를 잃을 수도 있습니다. 짝의 학습 피드백과 교사의 피드백이 적절하게 이루어질 때 긍정적 학습 정서가 만들어집니다.

이끎질문 3) 평행사변형의 넓이는?

- 다양한 평행사변형의 넓이 구하기
  - 짝에게 설명하기 (짝이동 활동)

이끎질문 3에 도달하면 거의 핵심질문에 도착했다고 할 수 있습니다. 이전 질문 단계를 거쳐서 이제는 자신감을 가지고 자신만의 방법으로 넓이를 계산합니다. 그리고 짝에게 다시 설명함으로써 학습을 내면화하는 과정을 거칩니다. 짝에게 설명을 할 때 자신이 정확하게 아는지 모르는지 드러나게 됩니다. 설명하는 과정에서 자기 피드백이 이루어지고 설명을 듣고 있던 짝으로부터 피드백이 동시에 이루어지는 것이지요.

짝대화가 활발하게 이루어진다고 해도 교사 피드백은 필요합니다. 교사는 학생 활동을 살펴보면서 피드백이 필요한 학생들에게만 다가가면 됩니다. 질문수업만이 아니라 배움 중심 수업에서는 학생들의 학습 과정이 보이기 때문에 개별 피드백이 쉽습니다. 또한 학생들의 공책을 살펴봄으로써 학생들의 학습 성취 단계를 확인하고 정교한 피드백이 가능해집니다.

마무리는 배움 글쓰기

이끎질문에 이끌려 최종 목적지에 도착한 후에는 배움 글쓰기로 마무리를 합니다. 계산하고 답을 구하는 것으로 끝나는 게 아닙니다.

자신의 삶으로 가져오는 배움 내면화 과정이 필요합니다. 글쓰기는 학습 도중 새롭게 알게 된 지식, 짝에게 받은 도움 등 배움이 삶으로 만들어지는 과정이지요. 배움 글쓰기는 삶의 배움을 지면 위에 쏟아 내어 시각화하며 세상에 드러내는 행위입니다. 또한 교사는 학생들의 배움 글쓰기를 통해 마지막 학습 피드백을 주게 됩니다.

4

개념을 명확하게 하라

“직사각형 넓이 구하는 공식은? 가로×세로.”

이 공식쯤은 아직 학교 수업을 시작하지 않은 학생에게서도 술술 나올지 모릅니다. 그런데 ‘왜 가로×세로인가’를 물으면 많은 학생이 설명하지 못하는 것을 봅니다. 아마 정확한 개념을 가지기 전에 이미 공식을 외워서일 겁니다. 개념이 충분히 연습되지 않은 상태에서 공식을 외워 버리면 굳이 생각할 필요가 없어집니다. 빨리 답을 낼 방법만을 알고 싶어 하고, 왜 그런지에 대한 고민은 하지 않게 되지요.

시험을 쳐 보면 학생들이 얼마나 공식만 외우고 문제에 접근했는지 알 수 있습니다. 둘레와 넓이의 단위가 틀리거나, 둘레에 넓이의 값을 쓰고 넓이에 둘레의 값을 쓰기도 합니다. 이 학생들은 당연히 둘레와 넓이에 대한 개념을 말로 설명하기 어려울 것입니다.

교과서를 살펴보면 대부분 개념의 정의가 들어 있습니다. 그럼에도 우리는 그 개념에 대해서 잘 다루지 않는 경향이 있습니다. 특히 일상에서 쉽게 사용하는 단어일수록 당연히 알겠지 싶은 생각에 아주 짧게 언급하고 지나가는 경우가 많습니다. 하지만 초등학생들에게는 개념의 정의가 익숙하지 않을 수 있다는 것을 전제로 수업을 진행하면 좋겠습니다.

질문수업에서는 개념을 말로 설명하게 합니다. 그러면 아는 것과 모르는 것이 분명해집니다. 단원 학습의 시작인 단원 개관 까만놀이에서 학생들은 "둘레가 뭘까?" "넓이는 어떤 부분일까?" 등의 질문을 만들어 냅니다. 그것을 그대로 가져와서 개념을 명확하게 하는 이끎 질문으로 활용합니다. 학생들이 알고 있다고 착각할 수 있는 둘레와 넓이라는 개념을 질문수업 방법으로 살펴보겠습니다.

Q1. '둘레'를 구하는 방법은?

① 둘레라는 말을 들어 본 적이 있는가? 어디에 사용되는 말인가?

- 아이엠그라운드 활동으로 전체 공유: 허리둘레, 머리둘레, 둘레길 등
- 머리둘레는 어떻게 잴까? 줄자, 끈 등
- 가정에 왜 줄자가 있을까? 이사할 때, 가구 살 때, 살쪘는지 살펴볼 때, 물건의 위치를 잡을 때 등 생활 속에서 사용하는 단어

와 수학 단어를 연결시키기

② 둘레를 따라 그리면서 둘레의 개념을 명확하게 하기

- 교사 개념 설명하기

  - 둘레는 도형의 경계를 따라 거닐었을 때 움직인 거리

③ 세 개의 도형 중 둘레가 제일 긴 것 추측하고 재어 보기

- 둘레가 가장 긴 것은 어느 것일까? 어림해 보기
- 둘레를 구하는 방법은? 측정해서 작성하고 실제 값 구하기

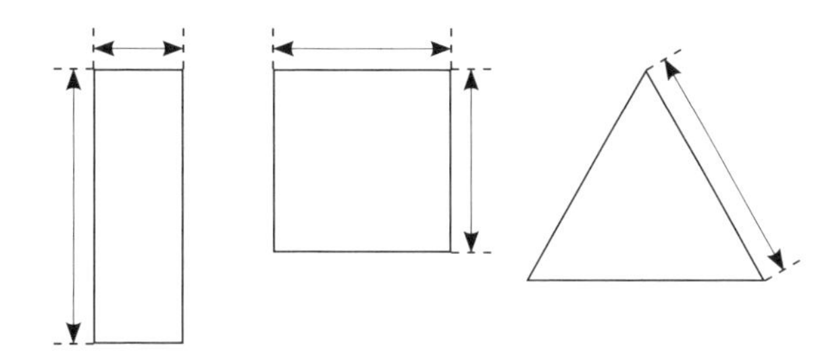

제시된 세 개의 도형은 둘레가 24cm로 모두 같습니다. 이때 학생들이 둘레의 길이가 서로 다르다고 착각할 수 있는 자료를 제공하면 좋습니다.

①번의 대화로 실생활에서 사용되고 있는 둘레를 꺼내어 학생들은 자연스럽게 도형의 영역으로 이해하게 됩니다.

②번은 도형의 둘레를 따라 그려 보게 하는 과정입니다. 그려 보는 것은 학생들에게 자신이 생각한 개념을 스스로 피드백하는 과정이 됩니다. 이때 둘레의 정확한 개념을 말로 설명하는 연습을 합니다.

③번에서는 측정 전에 "어느 둘레가 가장 길까?"와 같은 식으로 물어서 학생들이 어림할 수 있도록 합니다. 간단한 퀴즈처럼 느껴져 학습에 그대로 집중되지요. "난 이게 가장 긴 것 같아." 또는 "혹시 다 똑같은 거 아니야?"와 같은 대화들이 오갈 것입니다.

이어서 이 단위 시간에 해결할 이끎질문인 "둘레를 구하는 방법은?"을 제시합니다. 학생들은 도형 각 변 길이의 합을 말합니다. 교사가 둘레 구하는 방법을 안내하지 않아도 ①~②의 과정을 거쳤기에 스스로 찾아내기가 쉽습니다.

하나의 이끎질문을 해결하는 과정 안에도 개념부터 시작하여 조작 활동까지 자연스럽게 이어질 수 있도록 질문의 디딤돌을 놓고 있습니다. 수업이 질문의 디딤돌로 이루어져 감을 알 수 있습니다.

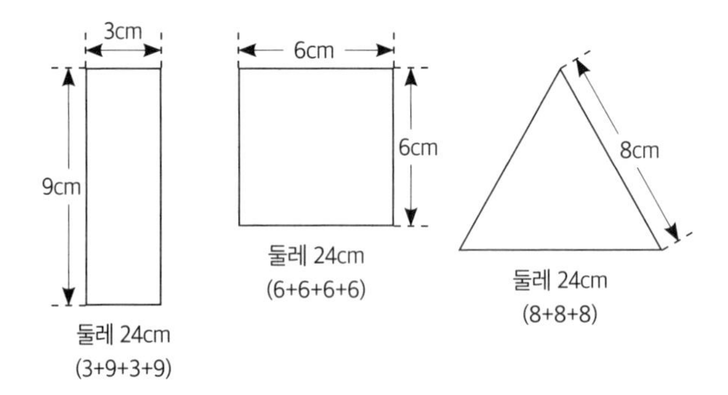

Q2. '넓이'가 무엇일까?

① 도형에서 자신이 생각하는 넓이는 무엇인지 색칠하기

• 도형의 넓이는 어디일까? 색칠 후에 짝과 대화하기

• 넓이는 어떻게 표현하면 좋을까?

- 공간 등 학생들의 자유로운 생각 받아 주기

• 교사 개념 설명하기

- 넓이는 일정한 평면에 걸쳐 있는 공간이나 범위의 크기

- 정확한 용어로 개념을 짝에게 설명하기

② 넓이는 왜 알아야 할까?

- 가구를 놓을 때 가로세로 넓이를 알아야 한다.

- 땅 살 때, 부자가 되려면 필요하다.

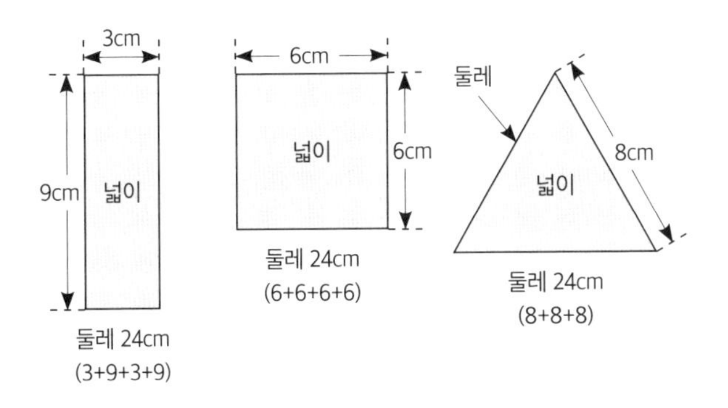

둘레는 실제로 자를 대어 길이를 재고, 넓이는 면적만큼 색칠하여 개념을 정확히 이해할 수 있도록 돕습니다. 그리고 마지막으로 넓이를 왜 알아야 하는지 탐구할 수 있게 해야 합니다. 수학이 교과서를 넘어 삶으로 확장될 때 학생들에게는 더 흥미롭습니다. "넓이는 왜 알아야 할까?" 친구들과 대화하는 과정에서 수학책 속 도형의 넓이가 삶으로 넘어옵니다. 질문수업의 최종 목적은 교실에서의 배움이 학생들

의 삶으로 넘나들 수 있도록 돕는 것입니다.

학습 정리 배움 글쓰기

학습의 마무리는 배움 글쓰기입니다. 배움 글쓰기를 보면 학생들의 배움이 삶으로 연결되었음을 알 수 있습니다.

철수: 둘레란 도형의 각 변의 길이의 합이다. 넓이란 일정한 평면에 걸쳐 있는 공간이나 범위의 크기를 말한다. 나는 배우기 전에는 둘레? 넓이? 정말 헷갈렸고 난 둘레가 가장자리, 넓이는 다각형의 전체인 줄 알았는데 이번 시간에 잘 알게 되어서 기쁘다.

영이: 둘레와 넓이를 했다. 둘레는 각 길이의 합이다. 넓이는 평면에 걸쳐 있는 공간이나 범위의 크기다. 넓이는 억울하게 돈을 잃지 않기 위해서도 필요하다. 둘레와 넓이는 우리가 살아가는 데 꼭 필요한 것 같다. 이 내용을 제대로 배우지 않으면 큰일 날 것 같다.

순이: 넓이는 물건의 둘레 안쪽에 있는 평면 공간을 말하는 것 같고, 둘레는 물체의 테두리를 말하는 것 같다. 이 공부가 우리한테 필요한 이유는 우리가 집에서 가구 같은 것을 살 때, 가구 넓이와 둘레, 크기를 잘 알고 사야 하기 때문에 넓이와 둘레를 배우는 것 같다.

5

스스로 그려 보기

그려 보게 하자

수학 수업도 그리기는 필요합니다. 무엇을 그려야 할까요? 교과서가 이미 제공하고 있는 것을 그려 보라는 것입니다. 교과서에서 주로 제공하고 있는 것은 표, 그래프, 수직선, 도형 등입니다. 예를 들어 표를 생각해 봅시다. 수학책이나 수학익힘책에 표가 그려져 있으면 보통 그 안에 숫자 값을 써넣게 되지요. 바로 그 표를 공책에 그려 보자는 것입니다. 또 수직선의 경우, 수직선 자체를 공책에 스스로 그려 보고, 구간을 정해서 그려 보게 하는 것입니다.

"이런 걸 그려 보라고요?" "수업 시간에 해야 할 공부도 많은데 이게 가능할까요?" "진도는 언제 나가나요?" "학생들이 그릴 줄 몰라서 어렵지 않을까요?" "IT 기기가 발명된 이 세상에서 굳이 그릴 필요가 있을까요?" 등등. 수업 시간에 학생들이 그릴 수 없는 아주 다양한 이유가 등장하게 될 것입니다. 그러나 그린다는 것은 수학의 아주 기초적인 구조를 이해하는 일입니다. 표, 그래프, 수직선들의 모양이 어떻게 기초가 될 수 있을까요?

'수학 언어'를 기억하는가

1장 수연산 영역 부분에서 수학 언어에 대해 나누었던 내용을 다시 상기해 봅시다. '31-11+7=?'이라는 문제를 학생들이 어떻게 해결하게 했었나요? 수학 언어를 사용해서 말하기 연습부터 했었지요.

"덧셈과 뺄셈이 섞여 있는 식은 앞에서부터 순서대로 계산한다."

주어진 문제를 탐색하고 수학 언어로 말하기를 연습한 후에 계산하게 했습니다. 계산하기 전에 수학 언어로 표현하는 것이 최우선이었지요. 개념도 마찬가지였습니다. 수학 언어를 사용해서 설명할 수 있게 했습니다.

이처럼 그래프, 표, 수직선, 도형의 영역도 수학 언어가 사용됩니다. 가로, 세로, 높이, 행, 열, X축, Y축, 그래프의 제목 등 많은 것이 섞여서 이미지로 등장합니다. 오묘하게 섞여서 새로운 형태로 만들어집니다. 2차원 지면에 3차원, 4차원을 등장시킵니다. 이 모든 것이 수학의 언어입니다. 표, 그래프, 수직선 같은 모양들이 다 수학 언어입니다. 그러므로 이것을 그린다는 것은 수학 언어의 단어들을 익히는 거라고 생각하면 어떨까요?

당연히 그려야겠지요? 문제는 교과서에 이미 표와 그래프, 수직선, 도형들이 다 그려져 있습니다. 그러다 보니 단어를 익히지도 않고 문장을 외우는 형태가 되곤 합니다. 그래서 수업 시간에 공책을 활용하여 그려 보게 하는 겁니다.

수학 시간에 수학 언어를 배우는데 수학 단어는 무조건 집에서 외워 오라고 할 수는 없지 않을까요? 수학 언어를 습득하는 수업 시간이 더 많이 마련되면 좋겠습니다. 그리다 보면 수학이 어떤 구조로 이루어지고 있는지 자연스럽게 이해하고 받아들여집니다. 그러면 수학이 부담스럽지 않고 즐거운 배움이 될 수 있습니다.

특히 초등학생들에게는 표와 그래프, 수직선, 도형 등을 그리게 하는 것이 좋습니다. 기초이기 때문에 어느 곳에서도 이 과정을 하지 않을 가능성이 많습니다. 무엇보다도 초등학교는 기초를 배우는 곳이니까요.

수직선 그리기

단순한 수직선을 예로 들어 보겠습니다. 교과서에는 이미 수직선이 그어져 있지요. 그리고 구간의 숫자도 기입되어 있는 경우가 대부분입니다. 수학 언어를 배우기 위해서는 어떻게 해야 할까요? 맞습니다. 학생들이 그것을 공책에 그려 보게 하면 됩니다.

꼭 자를 대지 않아도 됩니다. 좀 삐뚤삐뚤하면 어떤가요? 모든 선을 그려 보게 하면 더 좋겠지요. 5학년 〈수의 범위와 어림하기〉 부분에서 이상, 이하, 초과, 미만의 개념을 잡을 때 수직선을 자주 활용합니다. 이럴 때는 꼭 그려 봐야 합니다. 그래야 '수의 범위'라는 용어적인 개념이 아니라 실제 숫자와 숫자 사이에서 이루어지는 것을 발견하게 됩니다.

그리다 보면 처음에는 익숙지 않아서 학습 소요 시간이 부족합니다. 그러나 점차 학습 시간이 줄어드는 것을 볼 수 있습니다. 그리는 것에 익숙해지고, 학습력이 올라가다 보니 저절로 속도가 나게 되지요. 이해도가 당연히 높아질 것이고요. 학생들은 그리면서 원리를 깨닫고, 자신이 뭘 알고 모르는지 알게 됩니다.

한 학생의 공책을 통해 수업이 진행되면서 변화한 것을 살펴보겠습니다. 1.23의 소수 첫째 자리까지 올림을 하는 학습입니다. 그러려면 우선 1.23이란 숫자를 수직선에 표시해야 하지요. 마치 건물을 짓기 위해 허허벌판에 땅을 파고 철근을 꽂는 것 같은 순간입니다. 수직선 하나는 그을 수 있는데, 숫자는 어떻게 표시해야 할까요? 1.23과 1.24를 표시해야 할까요? 아니면 1.2와 1.3을 표시해야 할까요? 학생이 선택해야 합니다. 혼자서 어려우면 짝의 도움을 받아서 해결해야 합니다.

해당 수업 시간에 모든 것을 완벽하게 다 잘할 수는 없습니다. 그래도 그려야 합니다. 아마 이 학생의 경우도 제시된 수직선이 있었다면 아주 쉽고 간단하게 해결했을 것입니다.

3 1.236 소수 첫째자리까지

3.235

* 처음에는 이해가 너무 안됐다. 선생님의 설명을 해주셔도 이해가 안됐다
하지만 마지막 Q6을 풀때 효빈이가 설명을 잘 해줘서
이해가 됐다. 나는 수의 범위를 짧고 좁게 잡았었는데
선생님께서 크게 잡으라고 했는데 진짜로 크게 잡아도
이해가 안됐지만 효빈이가 도와준덕분에 잘 알게됐다.

다음 시간은 숫자가 소수 세 자리입니다. 더 어려워졌습니다. 3.215나 6.172 같은 더 복잡한 숫자가 등장했지만 어제까지 어려웠던 수직선을 확실히 알게 되어 이번 시간에는 잘 표시하고 있습니다. 게다가 자신이 이 수직선에서 어떻게 표현했는지 설명까지 했으니 확실히 이해한 상태가 되었지요. 학습에 더 자신감을 가지게 되고 학습의

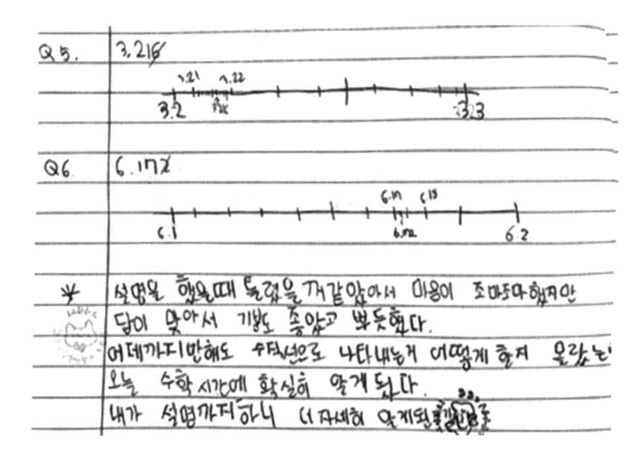

속도도 점점 빨라집니다.

이렇게 학습한 학생들에게 교과서는 너무 쉽습니다. 이미 자신들이 수학 언어를 말로 설명할 수 있는 단계이기 때문에 교과서의 지문에 대한 이해도가 높아져 있지요. 읽는 순간 무엇을 요구하는지 알게 됩니다. 읽는 순간 이해가 된다는 것은 쉽다는 것입니다. 당연히 학업 성취도가 높아지게 됩니다.

6

도전 수학으로 토론과 논쟁하기

'얼마나 알고 있나요?', '도전 수학과 탐구 수학', 수학 교과서마다 형태는 조금씩 달라도 단원마다 매번 반복되는 활동입니다. '얼마나 알고 있나요?'는 해당 단원의 전반적인 이해 수준을 평가하는 여러 문항으로 구성되어 있지요. 주로 기초적인 수준입니다. 반면, '도전 수학과 탐구 수학'은 심화 학습입니다. 문항도 난이도 있는 서술형 한 문항으로 제시되는 경우가 많지요. 문제 해결을 위해 종합적인 사고를 요구합니다.

많은 선생님이 '도전 수학' 부분은 상위권 학생들의 전유물이라고 여깁니다. 실제로 수학을 잘하는 학생만 도전 수학을 해결하는 경우가 많습니다. 하위권 학생들은 수학 기초 개념조차 이해가 부족한데 도전 수학을 할 수 있다고는 기대조차 하지 않지요. 어쩌면 학생들이 할 수 없을 거라고 교사들이 지레짐작해 버리는 건지도 모릅니다.

그러나 질문수업을 시작하면 모든 학생이 도전할 수 있게 되지요. 단원을 재구성하여 운영하다 보면 도전 수학에 도전해 볼 수 있는 수업 시간이 만들어집니다. 질문의 마지막 단계, 종합 질문을 향해 갑니다. 이럴 때 도전 수학 문제를 해결함과 동시에 삶으로 가지고 와서 토론과 논쟁 수업을 진행해 보시면 어떨까요? 한국의 교실에 유대인의 하브루타 교육을 가지고 들어온 전성수 교수는 하브루타를 이렇게 정의합니다.

"짝을 지어 질문하고 대화하며 토론하고 논쟁하는 것."

즉 교실 질문수업에 질문과 대화, 토론과 논쟁이 있어야 함을 말해주고 있습니다. 1장과 2장에서는 질문과 대화가 주를 이루는 수업 형태를 살펴보았습니다. 처음 시작하시는 분들이라면 질문과 대화, 짝 이동 활동만으로도 많은 효과를 거둘 수 있을 것입니다. 그러나 토론과 논쟁을 받아들인 교실은 한층 더 학습의 흥미와 생각의 깊이가 깊어짐을 알 수 있습니다.

도전 수학을 토론 학습으로

수학 문제를 어떻게 토론 학습으로 바꿀 수 있을까요? 너무도 간단합니다. 도전 수학의 문제를 해결한 후 토론할 수 있는 질문을 제시하면 끝입니다. 너무 간단해서 실망하셨다고요? 그러면 도전 수학 문제를 가지고 어떻게 수업을 이끌지 살펴보겠습니다.

> 가로 36m, 세로 45m인 직사각형 모양의 목장이 있습니다. 목장의 가장자리를 따라 일정한 간격으로 말뚝을 박아 울타리를 설치하려고 합니다. 네 모퉁이에는 반드시 말뚝을 박아야 하고, 말뚝의 수는 가장 적게 사용하려고 합니다. 울타리를 설치하는 데 필요한 말뚝의 수를 구해 봅시다.

〈약수와 배수〉 단원의 마지막에 나오는 도전 수학 문제입니다. 문장제입니다. 당연히 문장제 수업에서 다루었던 접근 방식을 여기에서도 동일하게 적용합니다.

① 문제를 소리 내어 함께 읽고 핵심에 줄 긋기

- 구하고자 하는 것은? 말뚝의 수, 가장 적게
- 중요하게 여겨지는 단어는? 일정한 가격으로

마치 친절한 교과서 같지요. 중요한 조건을 학생들이 스스로 체크해서 문제의 핵심을 놓치지 않게 해 줍니다.

② 혼자 생각하여 풀기 / 짝과 함께 풀기

이 과정에서 혼자 고민도 해 보고 짝에게 피드백도 받습니다. 이때 짝이동을 하여 두 번째 짝과 함께 이 문제에 대해 다시 생각하고 서로 피드백을 해 주는 기회를 가집니다. 이 과정에서는 해결법을 찾는 학생도 있지만 몇몇 되지 않을 가능성이 높습니다. 대부분의 학생은 아직 실마리를 찾지 못한 채 여러 시행착오를 거듭하는 중일 겁니다. 이럴 때는 학생들이 한 계단 올라설 수 있는 디딤돌이 필요하지요. 교사가 슬쩍 힌트를 줍니다.

③ 직사각형 그림으로 그려서 짝에게 설명하기

글 속의 문제를 그림으로 바꾸는 작업입니다. 그림으로 그려 보면 또 다른 시각으로 볼 수 있습니다. 짝을 이동하면서 학생들은 점차 문제를 이해하기 시작하고, 약수와 배수의 관계를 가지고 설명하기 시작합니다.

④ 교사 피드백: "일정한 간격으로" 부분에서 최대공약수 안내

전체 학생을 대상으로 교사의 정교화된 피드백을 제공합니다. 혼자였으면 분명 포기했을 학생들도 짝과 함께 풀어 가니 여기저기에서 "아~" 탄성 소리가 들립니다. 도전 수학이 해결되었습니다. 그러면 끝일까요? 아니지요. 이제부터 토론 학습으로 진행하면 됩니다.

⑤ 토론을 위한 질문 만들기

토론을 위한 질문은 다양한 시선에서 교사가 제시할 수 있습니다. 그러나 학습자가 낸 질문만큼 좋은 것은 없습니다. 문제를 해결하고 난 후 학생들에게 이 문제를 보고 질문을 다시 만들게 합니다.

- 말뚝의 수를 최대공약수로 구해야 할까?
- 목장의 울타리에 말뚝을 많이 박으면 안 될까?
- 말뚝의 숫자가 가장 적어야 하는 이유는 무엇일까?
- 말뚝을 너무 넓게 치면 양이 빠져나가지 않을까?
- 말뚝을 최대한 많이 박으면 몇 개를 박을 수 있을까?

학생들이 만든 질문 중에 삶으로 가져와서 토론할 수 있는 것을 활용하면 됩니다. 여러 개의 질문을 연결하여 활용할 수도 있습니다.

"말뚝의 수를 가장 적게 하려는 이유는 무엇일까?"

이 질문에 대한 다양한 생각들이 등장할 것입니다. 짝대화를 통해서 생각을 열고 전체 토론을 통해 생각을 공유하면 자신의 삶 속에서는 어떻게 행동해야 할지 고민해 볼 수 있는 시간이 됩니다.

수의 어림으로 토론하기

Q. 반올림은 왜 필요한가?

다음 숫자를 천의 자리까지 올림, 버림, 반올림으로 어림하여 나타내고 수직선으로 나타내어 설명해 보세요.

	올림	버림	반올림
3214	4000	3000	3000
3925	4000	3000	4000

이 문제는 어림하기로 근삿값을 찾아내는 과정입니다. 올림과 버림, 반올림이라는 어림하는 방법적인 것만이 아니라 "Q. 반올림은 왜 필요한가?" 등의 토론 질문을 제시함으로써 학생들의 삶으로 어림하기를 가져올 수 있게 도와줍니다. 이때 단순한 숫자였던 '3214'는 용돈이 되기도 하고, 사람의 숫자가 되기도 하며, 내가 내야 할 세금이 되기도 합니다.

도전 수학을 논쟁 학습으로

수학 문제로 토론 학습은 할 수 있을 것 같은데 논쟁은 불가능하지 않을까요? 이런 생각을 하실 수도 있습니다. 그런데 수학책 곳곳에 논쟁할 수 있는 주제들이 숨어 있습니다. 질문수업을 하다 보면 토론과 논쟁 수업을 시도해 볼 수 있는 다양한 주제를 찾을 수 있습니다. 토론과 달리 논쟁 수업은 논리적 근거를 필요로 합니다. 대체로 학생들은 자기 삶에서 그 근거들을 찾아오기 마련입니다. 다음은 6학년 〈비와 비율〉의 도전 수학입니다.

> 가 지역과 나 지역이 함께 지역을 알리는 축제를 했습니다. 축제를 위해 가 지역이 4억 원, 나 지역이 6억 원을 준비했습니다. 준비한 금액에서 축제를 하는 데 사용한 금액을 빼고, 축제에서 벌어들인 금액을 더하였더니 12억 원이 되었습니다. 두 지역이 남은 12억 원을 어떻게 나누는 것이 공정할지 여러 가지 방법을 비교하여 알아봅시다.

이 문제는 배분의 조건에 따라 값이 달라집니다. 대략 세 가지의 방법이 나옵니다. 이러한 방법을 찾아내는 것도 토론으로 해 볼 수 있습니다. 교과서에 제시된 조건을 따라 비율에 따른 배분 학습을 먼저 합니다. 그 뒤에 어떤 방법으로 나누는 것이 더 좋을지 선택하여 그것을 주장하는 논쟁 수업을 해 볼 수 있습니다.

배분 방법

(1) 축제를 위해 각각 준비한 금액의 비로 나누기

(2) 축제를 위해 준비한 금액만큼 각각 돌려주고, 나머지 금액을 똑같이 나누기

(3) 나 지역이 2억 원을 더 준비했으니까 12억 원 중에서 2억 원을 나 지역에 먼저 주고, 나머지 금액을 두 지역이 준비한 금액의 비로 나누기

배분 방법	가 지역이 받을 수 있는 금액	나 지역이 받을 수 있는 금액
(1)	4억 8천만 원	7억 2천만 원
(2)	5억 원	7억 원
(3)	4억 원	8억 원

과연 무엇이 공정할까요? 학생들은 어떤 생각으로 이익을 나누려고 할까요? 공정이라는 것이 조건에 따라 바뀌어야 하는 것일까요? 자

신의 생각을 주장해 보고 다른 친구들의 주장을 들으면서 공정에 대한 생각을 넓힐 수 있을 겁니다. 공정을 삶 속에서 적용하려고 할 때 수학적 비율과 도덕적 딜레마가 부딪히는 경험도 할 수 있겠지요. 도덕적 딜레마와 수학적 계산이 섞여서 이루어지는 논쟁, 멋지지요? 꼭 시도해 보시면 좋겠습니다.

시도하라! 성적이 말해 준다

1년 동안의 수학 질문수업을 마치고 마무리하는 시점, 전체 단원을 범위로 총괄 평가를 쳤다. 나도 내심 궁금했다. 한 단원이 끝날 때마다 단원 평가나 수업 중간 수행 평가를 쳐서 학생들의 성취도를 알아보긴 했지만 모든 단원을 종합적으로 평가했을 땐 어떨까? 물론 다른 과목도 같이 시험을 쳤다. 비교군을 위해서 말이다.

결과는 어땠을까? 27명 기준 평균 89점이 나왔다. 모든 과목 중 수학 성적이 가장 높았으며 학생 간 편차가 작게 나왔다. 맞다. 잘하는 학생과 못하는 학생 이렇게 구분되지 않고 모든 학생의 성적이 고루 잘 나왔다.

여기서 잠시 89점에 대한 해설을 좀 덧붙이고 싶다. 평가하기 한 달 전에 우리 반에 전학생 한 명이 왔다. 그 친구 덕분에 평균이 살짝 내려간 점이 없지 않다. 따라서 그동안 함께 공부한 친구들의 평균은 90점 이상이었다는 점을 이야기하고 싶다. 5학년에 올라올 때만 해도 학업성취도가 '하' 수준이었던 학생들이 '상' 수준으로 올라왔다.

질문수업을 하며 평가를 치면 재미있는 현상이 나온다. 부진으로 시작한 학생이 이런 얘기를 하는 것이다. "선생님, 너무 쉽던데요." 100점짜리 시험지를 들고서 본인도 이상하다는 듯이 갸우뚱거리는 모습을 자주 볼 수 있다.

감격스러웠다. 학생들의 성적이 마치 나의 교사 전문성에 대한 성적표 같았다. 성적표를 손에 든 학생들의 행복한 표정은 열심히 노력한 나에게 보상이었다.

이렇게 될 수 있었던 이유는 무엇일까? 다른 누군가가 만든 수업 자료 PPT를 버리고, 학생을 믿고, 질문과 대화의 힘을 믿은 덕분일 거다. 교사의 전문성 신장을 위해서, 그 방향을 찾아 노력한 덕분일 거다. 그전의 나는 늘 망설이는 사람이었다. 뜸을 들이고, 간을 보기만 할 뿐이었다. 그러다 이제야 직접 주걱을 들고 밥을 떠서 먹었다. 드디어 나는 배우고 실천하는 사람이 되었다.

배움, 실천, 그리고 또 하나가 더 있다. 바로 기록이다. 처음 수업을 참관할 때 눈여겨 보던 게 있다. 바로 수석 선생님의 노트였다. 거기에는 한 차시의 수업 흐름도가 적혀 있었다. 그건 어찌 보면 지도안을 간단히 축약해 놓은 것이다.

'아, 적어야 하는구나!'

기억하고, 기록하고, 표현한 내용이 쌓이고 쌓여 변화를 만들어 낸다. 처음에는 너무 어려웠다. 물감 없이 하얀 도화지를 마주하는 느낌이었다. 내가 채워 넣어야 할 건 무엇일까? 그렇게 1년을 하다 보니, 어느덧 노트가 두 권이 되었다. 절대 수정할 수 없는 완벽한 계획을 쓰는 게 아니다. 이랬다저랬다 이건 아닌 것 같아 하면서 두 줄 벅벅 그은 게 한두 번이 아니다. 도중에 노트를 집어 던진 적도 있다는 사실을 고백한다. 그럴 때면 '나는 수업을 구성하는 재주를 타고 나지 못했구나'라며 유쾌하지 못한 자아 성찰을 해야만 했다.

노트, 태블릿 등 어디든 상관없다. 내가 적기 쉬운 곳에 언제든지 수업의 흐름도를 적어 보자. 핵심질문과 이끎질문, 칠판에 적어 줄 문제를 순서대로 정리해 두는 것이다. 그리고 수업한 내용을 일지로 적는 것이다. 망설일 이유가 없다. 질문수업이 가지고 있는 힘을 믿고 실천해 보라. 그리고 하얀 노트 안에 수업에 대한 생각과 학생들의 성장을 함께 그려 보자. 단단한 자신감과 믿음을 가진 교사를 마주하게 될 것이다.

짝이동 비법! 즐거울 때 끊자

초롱 샘 짝이동 활동은 쉽게 이루어지고 있는데 학습 대화가 끊어지는 느낌이 들 때가 있어요. 짝을 바꾸어 가면서 설명을 하다 보면 어떨 때는 잘되고 또 어떨 때는 지루해 합니다. 또 어떨 때는 짝이동을 하고 대화를 하는데 뭔가 학습에 집중하지 못하고 산만하게만 느껴지는 기분도 듭니다. 짝이동 학습을 통해 학습 대화가 잘되게 하는 원칙이 있을까요?

수진 샘 저도 그 점이 항상 궁금했거든요. 짝을 바꾸고 학습 대화를 통해서 사고도 확장되고 설명하기도 하는데 뭔지 모를 아쉬움을 느낄 때가 많았어요. 그런데 해답은 짝이동을 하는 타이밍에 있었어요. 낯선 사람을 만난 경우를 상상해 보세요. 갑자기 둘 사이에 대화 시간이 주어진다면 어떨까요? 처음에는 간단히 인사하고 이름이나 출신을 묻고 답할지 몰라요. 그러다 곧 이야기 소재가 떨어지고 둘 사이에 침묵의 시간이 찾아오지요. 처음 만난 사람과 긴 시간 이야기하기는 쉬운 일이 아니라는 겁니다. 수학 질문수업에서도 마찬가지예요.

초롱 샘 무슨 뜻인지 이해가 잘 되지 않아요. 짝과 학습 대화의 소재가 떨어지기 전에 짝을 이동시키라는 의미인가요? 대화를 다 하지 않았는데 짝을 바꾸게 되면 학생들이 시간이 부족하다고 아우성을 치던데요.

수석 샘 맞아요. 그 순간이에요. 짝이랑 한참 이야기하고 있는데 짝을 바꾸게 되면 학습 효과가 떨어질 것 같아서 보통 한 짝과 대화할 시간을 충분히 주려고 하잖아요. 그러나 한 짝과 시간이 많이 주어진다고 실제로 학습력이 올라가는 것은 아니랍니다. 반복하면서 자신의 오류를 빠르게 발견하게 해 주는 것이 훨씬 더 학습 효과가 큽니다.

초롱 샘 아 그러면, 첫 번째 짝과 설명을 충분히 다하지 못했어도 새로운 짝을 만나게 하고 그 짝과 다시 설명하게 하라는 의미군요. 앞 짝과 충분히 대화하지 못한 아쉬움을 두 번째 짝과 학습 대화하면서 충족하게 되는 거고요. 그러면서 새로운 짝의 새로운 시각에서 설명을 듣게 되니 1석 2조가 되겠어요.

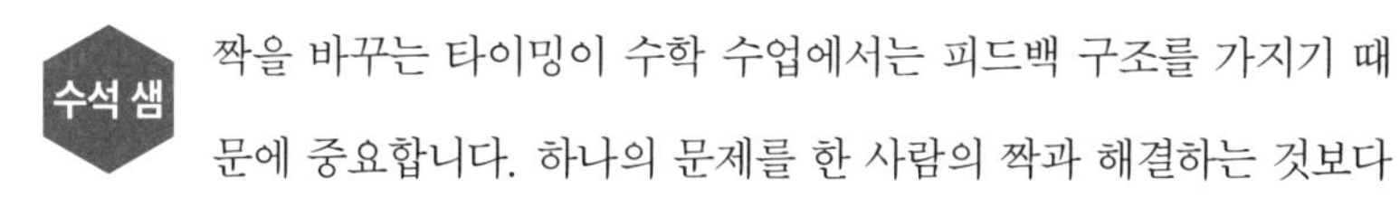

수석 샘 짝을 바꾸는 타이밍이 수학 수업에서는 피드백 구조를 가지기 때문에 중요합니다. 하나의 문제를 한 사람의 짝과 해결하는 것보다

는 또 다른 짝과 한 번 더 해결할 때 학습 피드백이 잘 일어납니다. 짝을 통해 자신이 모르는 것을 수정하기도 하고 자신이 알고 있다는 사실에 기뻐하기도 하지요. 짝을 통한 학습 피드백은 배움의 즐거움을 증대시키는 요소가 됩니다. 학습 도파민이 분비되고, 도파민의 활성화로 긍정적 학습 정서가 만들어집니다. 편도체를 긍정적 감정으로 채우고 학습 동기가 강화되고 학습 의욕이 증대되지요. 학습 피드백이 잘 이루어지는 짝이동 활동의 타이밍은 학습 효과를 극대화할 수 있는 좋은 도구가 됩니다. 그럼 학습 효과를 높일 수 있는 짝이동 방법을 살펴볼까요?

첫 번째 짝

- ①번 문제 풀이를 짝에게 설명을 하고 그 과정을 비교해 본다.
- 자리 이동하여 짝을 바꾼다.

두 번째 짝

- ①번 문제를 다시 설명한다.
- 교사와 함께 확인한다
- ②번 문제를 푼다.
- 자리 이동하여 짝을 바꾼다.

세 번째 짝

- ②번 문제를 다시 설명한다.

- 교사와 함께 확인한다

- ③번 문제를 푼다.

- 자리 이동하여 짝을 바꾼다.

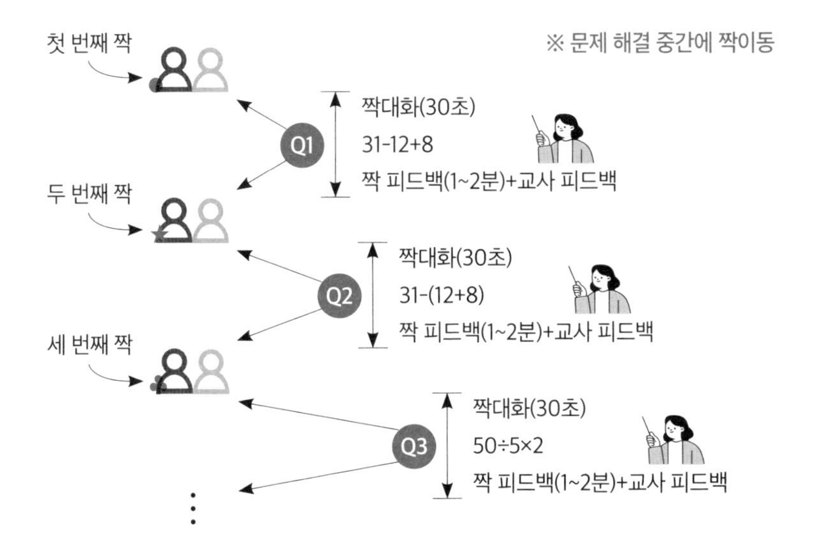

과정중심평가와 피드백

초롱 샘 학생 배움 중심 수업이 되기 위해서는 과정중심평가, 학습 피드백을 잘 구성하는 것이 중요하다는 말을 하잖아요. 평가가 점수화되고 서열화되는 것이 아니라 학습의 도구로서 배움을 돕는 과정이라고 배웠습니다. 과정중심평가가 수업 속에서 이루어지는 모든 피드백일까요?

수석 샘 학생들이 학업을 수행하는 과정에 문제가 생겼을 때 짝이 설명하고 피드백하는 부분도 과정중심평가이지요. 또한 교사가 전체를 대상으로 어떤 부분을 수정하고 협업해야 하는지 알려줌으로써 전체 피드백하고 배움을 진행하도록 돕는 과정도 마찬가지입니다.

『학생의 배움과 성장을 지원하는 과정중심 피드백』이란 책에서 정의를 살펴보면 좀 더 명확하게 이해하기 쉬울 겁니다. 피드백은 제공하는 내용의 복잡성에 따라 확인적 피드백과 정교화 피드백으로 구분할 수 있어요.

수진 샘 확인적 피드백은 오답이 무엇인지 알려 주는 것이라고, 전통적인 교실에서 이루어졌던 방법이라고 하더라고요. '맞다, 틀리다'를 알려 주는 것이지요. "틀린 문제가 몇 개이니 다시 풀어 봐라." 이런 식으로 확인해 주는 형태라고 보면 될까요? 질문수업을 시작하기 전에는 저도 학생들의 수학익힘책을 매기며 이런 형태의 피드백을 자주 해 왔어요.

수석 샘 맞아요. 확인적 피드백은 학생의 수행에 대해 정답 여부를 알려 주는 것, 학생의 오답을 확인하고 이전의 학습과 같은 방법으로 다시 학습할 기회를 제공하는 것입니다. 정답을 주지 않고 더 나은 제안을 하지도 않으면서 학생이 틀린 것에 표시해서 주는 것입니다. 수학책 또는 수학익힘책을 풀게 하고, 매겨서 주는 것이 바로 확인적 피드백이라고 볼 수 있어요.

반면 정교화 피드백은 학습한 것의 핵심 내용을 제시해 주는 형태로서 학생의 답이 왜 옳은지 틀린지를 설명해 주고 다시 학습할 수 있는 추가 시간을 주는 것입니다. 질문수업 도중 이끎질문이나 디딤돌 질문들이 학생들에게 학습할 수 있는 단서를 제공한다는 측면에서 정교화 피드백 형태를 취한다고 할 수 있지요. 그래서 피드백하는 사람이 내용에 대한 깊이 있는 이해가 필요합니다.

교사 교육과정과 교육과정 재구성

초롱 샘

교육과정을 재구성하라거나 교사 교육과정을 운영해야 한다는 말을 많이 들어 왔어요. 교육 현장에서 사용되고 있는 이 두 개의 용어에 차이가 있나요?

수석 샘

교육 목표를 달성하기 위하여 선택된 교육 내용과 학습 활동을 체계적으로 편성, 조직한 전체 계획을 교육과정이라고 하지요. 교육과정 최상위에 있는 국가의 전체 계획을 알려 주는 것이 국가 수준 교육과정이 되는 것이고요. 그것을 교실 현장에서 다양한 방법으로 잘 운영될 수 있게 하는 것이 바로 교사 교육과정입니다. 교사 교육과정은 주로 학급에서 이루어지는 것으로 교사의 독립성이 존재하지만 각 위계에 따라 유기적으로 이루어져야 합니다.

수진 샘

교육과정의 위계는 교육부에서 제시해 주는 국가 수준 교육과정, 그 다음은 지역 수준 교육과정으로 시도교육청에서 제공해 주는 교육과정 편성과 운영 지침이 되겠네요.

그렇지요. 그다음이 각급 학교에서 운영하는 학교 수준 교육과정입니다. 그리고 가장 마지막이 학급 현장에서 적용되는 교사 수준 교육과정입니다. 교육과정의 체계와 구성이 아무리 잘 갖추어져 있더라도 그것을 실현할 사람이 없다면 무슨 소용일까요? 교실 현장에서 주축이 되어 움직이는 사람이 바로 교사입니다. 결국 교육과정의 운영은 교사의 철학이 반영된 해석과 실천에 따라 결과가 달라진다고 할 수 있겠지요. 교육과정을 재구성한다는 의미도 현장에 적합하게 교사 교육과정을 잘 운영하기 위함입니다. 교사의 교육과정 재구성 역량에 따라 학생들의 배움 수준도 달라질 수 있다는 의미입니다. 결국 교사 수준 교육과정을 이야기할 때 중요하게 거론되는 것이 바로 교사의 역량입니다.

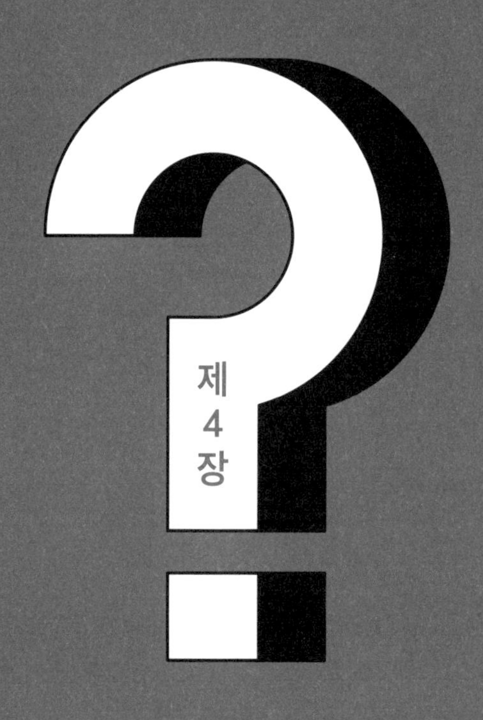

수학 질문수업 도전하기

수학 질문수업 왕초보의 우왕좌왕 도전기

초롱 샘

드디어 단원 전체를 재구성하여 수학 질문수업에 도전합니다. 질문수업의 재료인 질문과 짝대화는 웬만큼 익숙해졌어요. 단원 개관 까만놀이, 짝과 대화하기, 짝에게 설명하기 등 기본 학습 과정을 열심히 해 왔거든요. 드디어 단원 전체를 재구성해 볼 시간이 왔어요. 정말 두근두근하네요. 분명 쉽지 않겠지만 도전해 보려고요. 선생님의 처음은 어땠나요?

수진 샘

선생님의 도전을 응원해요. 사실 저도 시작은 자신만만했으나, 혼자 이리저리 해 보려고 해도 아이디어가 안 떠오르고 갈피를 못 잡는 순간이 많았어요. 옳은지 틀린지 불안하기도 했고요. 그럴 때마다 수석 선생님께 컨설팅을 받았지요.

"처음부터 수업이 쉬울 수 있겠어요. 그래도 교사는 수업으로 말해야 해요."

이 말을 듣는 순간 제가 너무 얌체 같았어요. 수석 선생님도 오랜 시간 동안 질문수업을 연구하고 시행착오를 겪어서 이제 수업 달인이 된 것일 텐데 말이지요. 그런데 저는 고작 몇 달 하면서 못한다고 낙심하고 어렵다고 포기하고 싶어지다니. ctrl+c, ctrl+v 하고 싶은 심정은 너무나 당연하지만 탁월성이라는 결과를 만들어내는 힘은 행동이었어요. 선생님께 과정이 중요하다는 말을 꼭 하고 싶어요. 마치 도덕 교과서 같지만요. 기꺼이 시간과 노력을 기울여야 해요.

아, 수진 선생님도 처음에는 그랬군요. 시작하는 저에게 힘이 됩니다.

수진 샘

저는 성취기준을 보고 교육과정 재구성부터 시작했어요. 수석 선생님이 조언해 주신 대로 교육과정을 재구성할 때 교과서를 먼저 보지 않았어요. 교과서를 보면 저의 생각은 온데간데없어지고, 교과서대로 따르고 싶어지더라고요. 그래서 먼저 제 나름의 수업을 만들어 보고 그다음 교과서를 살펴보았어요. 초반에는 잘하고 싶은 마음이 한가득이었지만 마음대로 되지 않았어요. 실패도 많이 맛보았는데 그 실패를 견디며 계속하자 실력이 조금씩 나아졌어요.

일 년이 지난 지금 수학을 바라보는 학생들의 긍정적인 시선과 성적을 보니 노력한 보람이 있었다고 확신해요. 포기 직전까지 갔지만 꿋꿋이 버텨 냈고 결국엔 끝까지 해냈네요. 선생님도 분명 몇 번이고 다시 일어나서 배우고 성장할 것이라 믿어 의심치 않아요. 응원할게요.

1

질문수업 레시피로 시작하다

질문수업 레시피도 있고, 재료도 준비되었습니다. 단원의 재구성을 하면서 모르면 또 물어보면 됩니다. 왕초보라 처음부터 재구성을 완벽하게 할 수 있을 거라 생각하지는 않습니다. 중간에 컨설팅을 받고 배우면서 또 수정하면 되니까요.

처음부터 잘하는 사람은 없을 거라고 스스로를 격려하며 교육과정을 재구성하기 시작했습니다. 우리 반 학생들의 질문 만들기와 짝 대화가 원활하게 이루어지고 있어서인지 근거 없는 자신감마저 들었습니다.

성취기준과 평가기준 살펴보기

단원	4학년 6단원. 규칙 찾기	
성취기준	[4수04-01] 다양한 변화 규칙을 찾아 설명하고, 그 규칙을 수나 식으로 나타낼 수 있다. [4수04-02] 규칙적인 계산식의 배열에서 계산 결과를 추측할 수 있다.	
평가기준	상	여러 가지 배열에서 변화 규칙을 찾아 설명하고, 그 규칙을 수나 식으로 나타낼 수 있다.
	상	규칙적인 계산식의 배열에서 계산 결과의 규칙을 찾아 설명하고, 다음에 올 계산 결과를 추측할 수 있다.

성취기준을 살펴보니 규칙, 설명, 수나 식으로 나타내기, 추측이라는 단어가 보입니다. 수업 활동 중에 꼭 넣어서 해야 할 학습 요소로 체크해 두었습니다.

왕초보에겐 여전히 어려운 핵심질문과 이끎질문

단원 재구성을 위해 교과서를 이리 넘겼다가 저리 넘기기를 두 시간이나 했습니다. 그런데 아무리 머리를 쥐어뜯어도 모르겠습니다. 솔직히 고백하자면 평소에 하지 않는 노력입니다. 평소에 이 두 시간은 누군가가 올려 둔 PPT를 찾아 헤매는 시간이지요. 수진 선생님은 교과서를 보지 않고 수업 준비를 했다는데, 그건 상상조차 안 됩니다. 일단 교과서를 펼칩니다. 이럴 수가! 교과서를 봐도 어떤 질문을 선정해야 할지 도무지 감이 안 옵니다.

교과서 흐름도를 살펴보니 '어! 그냥 이대로 하면 되겠는데?' 교과서대로 수업하고 싶은 욕구가 일어나더군요. 예전에 하던 대로 교과서의 지문을 따라 풀이하고 싶어졌습니다. '교과서 문제를 그대로 쓸까? 최소한의 성의는 보여야지.'

수학 교과는 검정이라 이 교과서 저 교과서를 내려받아 뒤적여 보기도 했습니다. 하지만 질문수업은 교과서를 잘 활용하는 것이지, 지루하게 교과서의 문제를 푸는 것이 아닙니다. 문제 풀이가 아니라 문제 해결력을 기르기 위한 수업입니다. 다시 의지를 다져 봤지만 질문 선정이 쉽지 않았습니다. 무엇이 문제일까요? 어디서부터 시작해야 할까요?

결국 시작부터 수석 선생님께 SOS. 단원 흐름을 도형 배열부터 하고 수 배열로 바꾸어 보라고 제시해 주십니다. 야호! 저도 도형 배열 규칙부터 해야겠다고 생각했거든요. 교과서 순서를 바꾼 것이 일치했다는 것만으로도 기뻤습니다.

그런데 기쁜 마음도 잠시! 도형 배열 규칙을 먼저하고 그것을 숫자로 바꾸어 보면 수 배열에도 이미지가 활용될 수 있다는 수석 선생님의 설명이 이어집니다. '무슨 말이지?' 지금 교사인 제가 무슨 말인지 이해를 못하는 상황이 되어 버렸습니다. 설명을 들어도 모르다니! 갑자기 멍청해진 걸까요? 질문수업을 하겠다고 생각하니 머리가 더 경직이 되는 기분입니다.

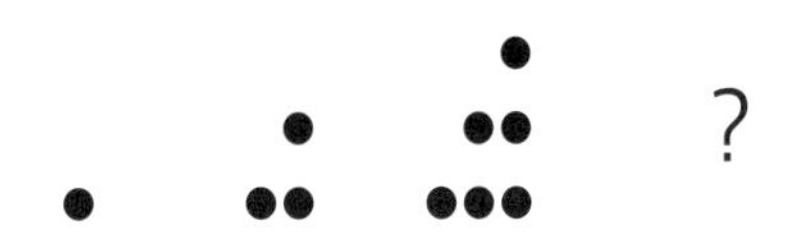

도형 배열의 규칙은? 네 번째 배열은?

수석 선생님이 그림을 그려 설명해 주시니 바로 이해가 되었습니다. 예시로 들어 주신 것은 바둑돌입니다. 도형 배열 네 번째 도형을 그리고 설명하기 활동을 완료한 후 수로 표시하라는 것이었지요.

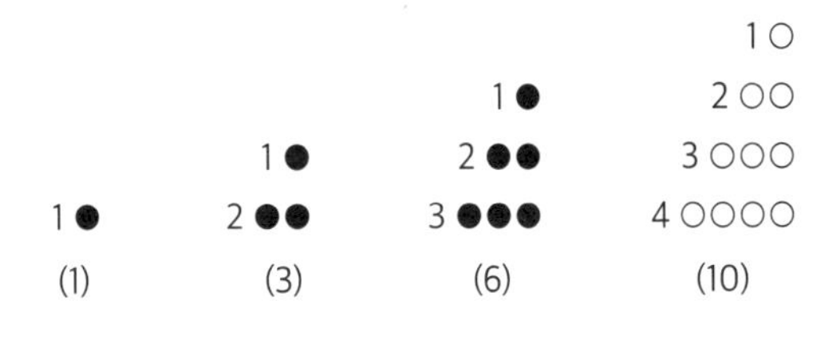

도형을 숫자로 바꾸기

숫자로 바꾸고 보니 저절로 웃음이 났습니다. '이건 수 배열 차시에서 수업할 내용이잖아. 이미 도형에서 다 배울 수 있구나.' 어떻게 수업을 진행하는가에 따라 결국 학생들은 빠르게 배우게 되겠구나 하는 생각이 들었습니다.

왜 도형 배열을 수 배열로 바꾸어야 할까?

어떤 학생은 이미지를 더 쉽고 직관적으로 빠르게 구조화합니다. 또 어떤 학생은 이미지보다 수를 잘게 쪼개고 분할하는 것을 쉽게 여깁니다. 도형 속에서 숫자를 발견하게 하는 것도 수학 언어를 배우는 중요한 영역이라고 합니다.

아! 맞는 말이었습니다. 저 역시도 이미지에는 강하지만 숫자에는 약합니다. 수업 시간에 가르칠 때 도형 배열에서 숫자로 바꾸는 것을 해 보기는 합니다. 단지 제시된 문항이 있을 때만 그렇게 해 왔을 뿐이지요. 학생들의 배움을 위한 방법을 고민하다 보니 교과서에 없어도 해야 할 것이 많다는 걸 알게 되었습니다. 컨설팅받은 내용을 토대로 수학 질문수업에서 수학 언어를 배우는 방식, 그리기, 설명하기를 꼭 사용하리라 마음먹었습니다.

질문수업의 시작은 꼭 질문이 아니어도 됩니다. 모든 수업에서 중

그리기	제시되는 이미지, 숫자를 간략화하여 공책에 그리거나 적기
설명하기	규칙이 어떻게 변화하고 있는지 짝을 바꾸어 가면서 여러 번 설명하기
변환하기	도형 배열을 수로 변환하기

규칙 찾기 수업 순서

요한 것은 학생들이 아는 것과 모르는 것을 스스로 발견하게 하는 것이지요. 학생 자신이 한 질문이 그런 효과를 가져옵니다. 또한 이미지를 그리고, 그것을 살피다 보면 그 안에 있는 속성을 발견하게 될 것입니다. 말로 설명을 다 할 수 없을지라도 이미 알 듯 말 듯한 상태가 만들어지겠지요. 이것이 질문수업의 시작점이니까요.

왕초보로서 도전해 보는 것이라 학습 주제 내용까지 전반적으로 바꾸는 것은 무리라는 판단에 결국 학습 주제는 그대로 따르기로 했습니다.

차시	교과서 흐름도	질문수업 재구성	실제 수업	
1	단원 도입	까만놀이 단원 개관	까만놀이 단원 개관	학습 워밍업
2	수 배열 규칙 찾기	도형 배열 규칙 찾고 설명하기	도형 배열 규칙 찾고 설명하기	개념 학습
3	계산 도구 활용 수 배열 규칙 찾기	도형 배열을 수의 규칙으로 바꾸고 설명하기		
4	도형 배열 규칙 찾기	수 배열에서 규칙 찾고 설명하기	도형 배열을 수의 규칙으로 바꾸고 설명하기	변환
5	덧셈식과 뺄셈식 규칙 찾기	수 배열에서 규칙 찾기	수 배열에서 규칙 찾고 설명하기	반복 익히기
6	곱셈식과 나눗셈식 규칙 찾기	덧셈식, 뺄셈식에서 규칙 찾고 수나 식으로 나타내기	덧셈식, 뺄셈식에서 규칙 찾기	학습
7	규칙적인 계산식 찾기	곱셈식, 나눗셈식에서 규칙 찾고 수나 식으로 나타내기	곱셈식, 나눗셈식에서 규칙 찾기	학습
8	삼각형 배열 규칙 찾기	규칙적인 계산식의 배열에서 규칙 찾고 계산 결과 추측해서 설명하기	삼각형 배열 규칙 찾기	심화
9	놀이 활동	삼각형 배열 규칙 찾기	규칙적인 계산식 설명하기	반복 익히기
10	확인 평가	확인 평가	확인 평가	

4학년 6단원. 규칙 찾기

2

나, 배운 거 많아 (1~2차시)

1차시, 단원 개관 까만놀이

질문수업의 시작은 역시 책을 읽고 질문을 만들어야 합니다. 우리 반 학생들이 좋아하고 익숙하게 적용하는 질문수업 방법입니다. 자신 있게 첫 시간을 시작했습니다. 교과서 페이지 양이 적지 않아 두 시간을 계획했습니다. 앗! 그런데 학생들 속도가 빨라 한 시간 안에 끝났습니다. 3월에 질문수업 단원 개관을 할 때만 해도 상상할 수 없는 변화였지요.

4학년 처음 올라왔을 때는 한 단원 읽기를 두 시간이 지나도 마치지 못했습니다. 질문을 쓰고 배움 글쓰기를 완성하는 데 계획한 것보다 훨씬 많은 시간이 걸렸습니다. 결국은 점심시간이 되어 학생들에게 다 못해도 괜찮으니 하던 것을 놓고 밥을 먹으러 가야 한다고 했던 기억이 납니다. 그러자 우리 반 모범생이 마치지 못한 과제에 눈물을 터뜨렸지요. 과제를 끝내지 못했다는 사실에 스트레스를 받은 것 같았습니다.

그때의 시행착오로 단원 전체를 한꺼번에 읽는 것이 학생들에게 큰 부담이 된다는 것을 알았습니다. 그 뒤로 단원 개관을 연 차시로 진행하지 않았습니다. 학생들이 지루함을 느끼지 않게 전체 단원을 절반으로 나누었습니다. 단원 개관을 할 때 한 시간 동안 한 단원의 절반만 읽게 한 것이지요. 나머지 절반은 하루 이틀 시간이 흐른 다음 수학 시간에 이어서 읽도록 했습니다.

그런데 이번 단원은 전체를 한 시간 만에 끝낸 것입니다. 교과서 분량이 줄어든 것도 아니었습니다. 그동안 학생들이 성장했음을 알 수 있었습니다. 꾸준한 반복을 통해 학생들의 문해력이 발전했기 때문이라고 생각합니다.

배열

교과서를 읽으면서 학생들이 '배열'이라는 글자가 새로웠던 모양입니다. 규칙 찾기 단원에는 배열이라는 단어가 반복적으로 등장합니다. '일정한 차례나 간격에 따라 벌여 놓음'이라는 뜻이지요. 끝까지 읽고 나면 배열이라는 단어의 정의를 완벽하게 설명하지 못해도 수학 문제를 푸는 과정에서 어떤 의미로 해석해야 하는지 알게 되었습니다. 교사의 가르침 없이 말입니다. 교과서 단원 전체 읽기의 최고 장점이 아닐까요?

2차시, 나 오늘 배운 거 많아

단원 개관 이후 시작되는 첫 수업입니다. 컨설팅받은 대로 도형 배열 두 가지만 계획했습니다. 제가 평소 하던 수학 수업과 비교했을 때 아주 적은 수업량이었습니다. 이것도 처음 시도하는 학생들에게는 많을 수 있으니 학습량을 조절해 가면서 하라는 수석 선생님의 말씀이 생각났지만 두 개는 너무도 쉽게 거뜬히 할 것 같았습니다.

- 평가 문항: 도형 배열의 규칙에 도형을 그리고 규칙을 설명할 수 있다.
- 핵심질문: 도형 배열의 규칙은?
- 수업자 의도: 바둑돌을 공책에 직접 그리고, 그 배열의 규칙을 짝에게 설명하게 한다. 그리고 도형 배열을 숫자로 변환하여 수에 대한 감각도 기르고자 한다.
- 평가 단계 및 이끎질문

평가 수준 / 평가 단계			평가 시기	이끎질문
◎	잘함	모양 배열의 규칙을 이해하고 중간 부분에 맞는 것을 그릴 수 있다. (활동2)	3차	두 번째, 다섯 번째 모양은?
○	보통	모양 배열에 맞게 그림으로 나타낼 수 있다. (활동1)	2차	네 번째 모양은?
△	노력 요함	모양 배열을 숫자로 바꾸어 생각해 볼 수 있다. (활동1)	1차	단계별 모양 배열을 숫자로 말해 보면?

평가 단계별 이끎질문

활동 1) 바둑돌 모양 배열

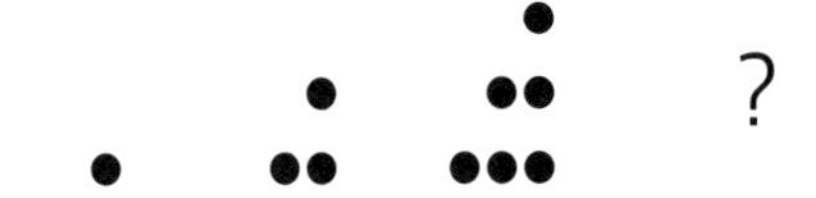

활동 2) 사각형 모양 배열

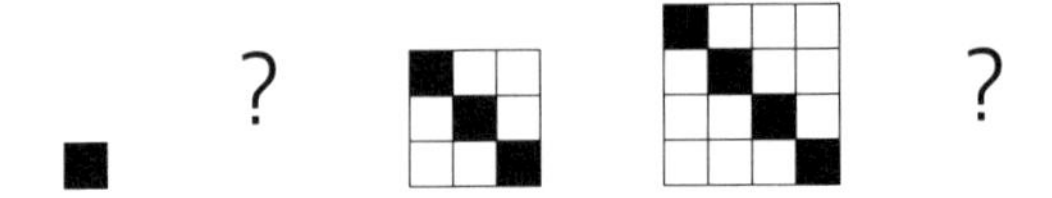

그런데 수업을 진행하면서 활동 1을 해결하는 데도 시간이 너무

걸려 계속 답답한 마음이 들었습니다. 평소에는 불안함이 밀려오면 학생들에게 자꾸 문제를 풀게 했습니다. 한 시간에 두세 문제는 성에 안 찹니다. 적게 풀면 아이들이 잘 모를 것 같아서 수학 교과서를 풀리고 꼭 수학익힘책도 풀립니다. 거기다가 학습지까지. 문제 많이 풀라고 하면 학생들이 수학을 좋아하기는커녕 점점 싫어하는 것을 알면서 말입니다. 그걸 알면서도 다른 방법을 몰라서, 또 자신이 없어 수학 문제만 풀렸습니다.

하지만 이번에는 다릅니다. 하나라도 원칙대로 천천히 가기로 마음먹었습니다. 결국 활동 2는 시도도 못하고 활동 1만 하고 배움 글쓰기로 수업을 마무리했습니다. 그런데 배움 글쓰기에서 학생들이 얼마나 배웠는지 수업이 얼마나 즐거웠는지가 나타났습니다.

"선생님, 최대 몇 줄까지 돼요?"

"선생님, 세 줄만 적어도 돼요?"가 아니라 얼마나 많이 써도 되는지를 묻는 질문이라니. 평소와 전혀 다른 질문입니다. 수업이 제대로 목적지에 도착하지 않으면 배움 글쓰기 시간에 바로 티가 나지요. 학생들이 쓸 게 없다고 한다면 그 수업 시간은 학습 목표에 근접하지 못했다는 의미이기도 합니다.

사실 이번 차시는 교사인 제가 버벅거리며 제대로 수업을 이끌지 못한 기분이었습니다. 계획과 달리 이끎질문 한 개만 겨우 해결했기 때문입니다. 그래서 수업을 마치며 의기소침했는데, 무슨 일일까요? "나 오늘 많이 배웠어." 단 한 문제로 30분 동안 떠들었는데 학생들이 많이 배웠다고 합니다. 어떻게 된 것일까요?

철수: 규칙 찾기를 배웠다. 나는 규칙이 너무나 차고 넘친다고 생각했다. 그중 규칙이 무엇이 있냐면 바둑돌이 두 개 세 개씩 점점 늘어난다. 그리고 아래쪽으로 점점 하나씩 더 늘어나는 것을 알았다. 규칙이 어려웠는데 규칙이 쉬워진 거 같다. 오늘 수학이 정말 재미있었다.

영이: 오늘도 재밌는 하루가 되었습니다. 오늘은 바둑돌의 규칙에 대해서 알았습니다. 다들 위로만 바둑돌의 규칙을 설명했습니다. 그런데 생각해 보니 아래에서도 설명할 수 있다는 걸 알았습니다. 다음 시간에는 제가 말할 수 있게 노력하겠습니다. 미덕은 배움과 집중과 기쁨의 미덕을 빛냈습니다.

가르치는 것과 배우는 것은 다른 것일까?

배움 글쓰기를 보니 느리지만 학생들이 스스로 그려 보고 그것을 설명하는 과정에서 이미 배웠다는 것을 알게 되었습니다. 수진 선생님이 초반에는 수업이 굉장히 천천히 그리고 차근차근 진행되었다는 이야기를 해 준 게 떠오릅니다. 초반에 학생들이 짝을 만나 충분히 수학적 개념을 탐색하고 이야기할 시간을 주는 게 정말 중요하다는 사실도 알게 된 시간이었습니다.

이 단원을 시작할 때 규칙 찾기임에도 불구하고 스스로 그려 보게 한 것은 잘한 것 같습니다. 교과서에 제시된 이미지에서 찾기만 했다면 재미가 없었을 뿐 아니라 규칙을 제대로 발견하기도 어려웠을 듯합니다. 단지 학생들이 도형 규칙을 그리다 보니 시간이 오래 걸렸다는 점, 교사인 제가 처음 진행하다 보니 이끄는 데 시간이 좀 걸렸다는 점만 빼고는 모든 것이 좋은 시간이었습니다.

3

설명, 그 어려움에 대하여 (3~4차시)

3차시, 설명하기는 어려워

처음 단원을 설계할 때와 달리 3차시에는 2차시에 하지 못한 활동 2를 계속해 보기로 학습 계획을 변경했습니다. 학생들의 반응도 궁금했고, 수학에서 반복 학습은 중요하니까요. 역시나 학생들이 도형 그리는 것은 비교적 쉽게 했습니다. 시간도 줄었습니다.

그런데 왜일까요? 학생들이 막상 말로 규칙을 설명하는 것에 어려움을 느끼고 있었습니다. 너무 쉽게 그려서 잘 이해하고 있다고 생각했습니다. 2차시에서는 학생들이 설명하기 어려워한다는 것을 알아채지 못했습니다. 그냥 대충 넘어가 버렸다는 사실을 3차시에 와서 느꼈습니다.

문제를 푸는 것과 설명하는 것은 다른 영역이라는 점을 확실히 느낄 수 있었습니다. 평가기준에 왜 '설명할 수 있음'이 상위 수준으로 설정되는지 이해가 되었습니다. 교사가 어떻게 설명할지 수학 언어로 충분히 안내해 줄 필요가 있었습니다. 그런데 교사인 제가 제대로 파악이 안 되어서 안내를 못해 주었습니다.

활동 2) 사각형 모양 배열: 두 번째, 다섯 번째 모양은?

- 미션: 규칙이 있는 배열을 만들어 짝에게 제시하기

학생들은 미션, 스스로 도형 문제를 만들어 보는 것에 재미를 느꼈습니다. 역시 학습자에게 주도성을 주는 것이 중요합니다. 물론 어렵게 느꼈다는 학생들도 있었습니다. 약간 어렵더라도 학생들이 도전의식을 느끼게 하는 것은 필요하지요. 수학 수업에서 점프 과제를 제시하는 것은 중요합니다. 학생들이 다각도로 생각할 수 있도록 도와주고 수업 능력을 한 단계 끌어올리는 중요한 요소이기 때문입니다.

학생들은 미션 활동을 즐겁게 받아들이고 적극적으로 참여했지만 안타깝게도 이 활동에서 교사인 제가 명백한 실수를 했습니다. 학생들이 문제를 잘못 낸 경우에도 교사가 개입하기 전에 짝과 상호작용을 하면서 스스로 수정하고 고칠 기회를 주어야 합니다. 그런데 그것을 참지 못하고 직접 개입하는 실수를 저질렀습니다. 학생들이 오류를 발견하고 수정하는 시간이 생각보다 많이 걸리지 않았는데 그걸 참지 못하다니… 나름 학생에게 정교화 피드백을 한 것이라 볼 수도 있지만 너무 정교해서 학생에게 부정적 학습 정서만을 남겼습니다.

질문수업은 교사에게 수업 흐름과 학생 배움에 대한 깊은 이해와 함께 인내심도 있어야 함을 배우는 시간이었습니다. 그래도 학생들의 배움 글쓰기를 보니 열심히 따라와 준 것 같아 그저 감사한 마음이었습니다.

철수: 오늘 규칙은 쉬웠다. 두 번째, 다섯 번째를 생각해서 그림을 그리고 규칙을 적어서 손이 아프다. 규칙을 만들기도 하니 재밌었다. 열심히 해 준 우리 반 감사합니다. 고맙습니다.

영이: 어제는 제시한 규칙을 그려 해결했지만, 오늘은 나만의 규칙을 만드니 더 재미있었다. 근데 규칙 설명은 조금 힘들었다.

4차시, 그럼에도 우리는 성장 중

이번 차시는 앞 차시에서 배운 도형 배열을 수 배열로 바꾸는 활동입니다. 도형 배열에서 수를 찾아 적는 것까지는 쉬웠습니다. 문제는 학생들이 수의 배열을 셈식으로 나타내는 것을 어려워했습니다. '뭐지? 숫자가 뻔히 보이는데…' 분명 컨설팅 때 수석 선생님도 학생들이 수로 변환하면 규칙을 너무 쉽게 찾을 거라고 하셨기에 이번 수업은 자신이 있었습니다. 그런데 왜, 무엇이 잘못된 것일까요? 아, 중간 디딤돌 질문을 잘못한 것이었습니다.

1, 3, 6, 10의 수 배열에서 의도하는 것은 1, 1+2, 1+2+3, 1+2+3+4였습니다. 그런데 학생들은 이 숫자가 바로 보이지 않았습니다. 분명 도형에서 숫자로 바꾸었는데 말이지요. 우리 반 학생들은 한참 동안 실마리를 찾지 못했습니다. 학생들이 찾지 못할 때는 교사가 피드백을 주어서 학생 스스로 해결할 수 있도록 도움을 주어야 합니다. 교사가 제대로 된 피드백을 주지 못하니 설명하면서 가르치는 모양새가 되어 버렸습니다.

"각각의 행에 숫자를 써넣어 보세요."

이 한마디의 피드백이면 되었는데 말입니다. 우리 반 영이는 결국 배움 글쓰기 시간에 이해를 못했다며 텅 빈 공책을 들고 나왔습니다. 제 설명이 충분하지 않았다는 뜻이지요. 성공적인 수업을 위해서는 일부를 따라하는 것만으로는 부족함이 느껴졌습니다. 분명 제게 보이지 않는 부분이 있었습니다. 수업을 마치고 컨설팅 때 그렸던 그림을 다시 살펴보다가 깨달았습니다.

가. 바둑돌 아래에 합한 숫자를 쓴다.

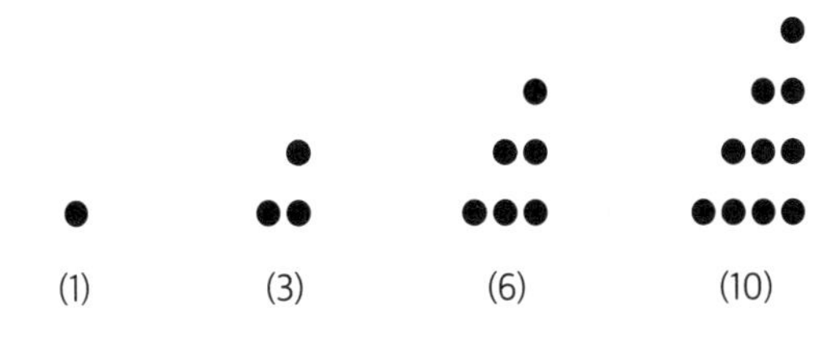

나. 각 행마다 바둑돌의 수를 적는다.

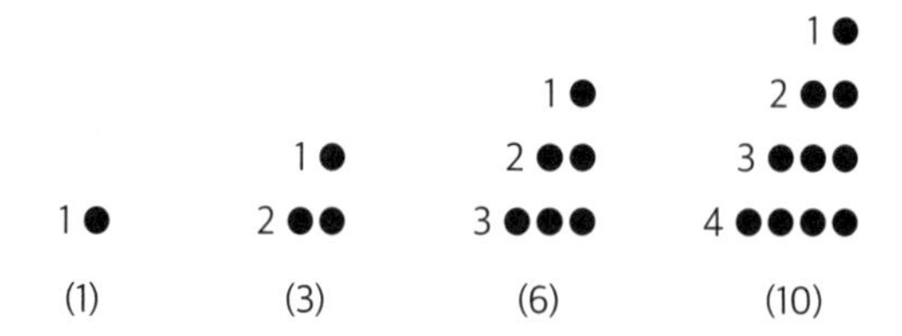

가와 나의 피드백이 분명 다릅니다. 짝과 피드백이 이루어지든지, 교사의 피드백이 주어지든지, 학습 사이에 필요한 피드백이 짧게 이루어질 때 훨씬 학생들의 배움이 빠르다고 했습니다.

① 학생: 바둑돌 아래에 합한 숫자를 쓴다.

② 학생: 1, 3, 6, 10의 수 배열의 규칙을 찾는다.

③ 교사 피드백: 각 행마다 바둑돌의 수를 적게 한다.

④ 이끎질문: 6과 10의 수가 어떻게 이루어져 있는가?

제가 수업에서 놓친 것은 ①, ②로 모든 학습을 완료하려고 했던 것입니다. 여기에 ③의 교사 피드백 한마디가 있었다면 ④번 이끎질문은 쉽게 해결됩니다. 교사의 짧은 피드백이 제대로 이루어졌다면 영이는 분명 배움을 한가득 적어서 공책을 내밀었을 겁니다.

"학생들이 잘 배우는 수업 방식을 배워야지. 지금 수학 공부해서 뭐 하려고?"

수학을 잘 가르치고 싶어서 수학 공부를 하고 싶다는 생각을 했을 때 수석 선생님이 하신 말씀입니다. 대한민국 초등교사들이 수학을 못 한다고 생각하지 않습니다. 수학 실력은 충분합니다. 단지 학생들이 잘 배울 수 있는 수업 구조를 만들 줄 모르기 때문에 자꾸만 설명하려고 한다는 생각이 들었습니다.

이번 시간에 제대로 느꼈습니다. '칠판에 각 행마다 내가 숫자를 적고 얼마나 열심히 설명했던가?' 학생들이 이해하지 못할수록 더 열심히 설명하고 떠들었으니 저만 공부한 셈입니다. 설명 대신 각 행마다 바둑돌 옆에 숫자를 한번 적어 보라는 말만 했다면 간단한 일이었을 텐데. 피드백을 주는 기술이 부족하다는 걸 알게 된 수업이었습니다. 그럼에도 불구하고 깨달음이 있음에 좌절보다 희망을 품습니다.

저도 학생도 성장 중입니다.

4

반복이 중요해 (5~6차시)

3 × 1
− ÷
2 +

5차시, 반복 학습

4차시 수업에서 놓친 교사 피드백을 그냥 넘어갈 수 없어 5차시는 수 배열을 한 번 더 연습해 보기로 했습니다. 처음에는 비슷한 문제 세 개를 선정하는 것이 반복 학습이라고 생각했습니다. 하지만 질문수업을 해 보니 이제는 알 것 같았습니다.

질문수업에서는 문제의 원리를 탐색하고, 개념을 익히고, 말로 설명하는 과정을 거칩니다. 개념을 익힐 때는 천천히 흘러가는 느낌이지요. 그러다 실전에서는 개념들을 적용하고 설명하면서 문제를 해결해 나갑니다. 그리고 한 번 더 반복하게 되면 문제 해결력이 상승하게 됩니다. 설명하면서 개념이 명확해지니 그다음 단계에 바로 적용하면서 확장되어 나가는 것이지요. 이 과정에서 학생들은 수학에 대한 자신감을 얻게 됩니다.

반복을 통한 익히기 과정이므로 미션으로 제시해 보았습니다. 그리고 수 배열에서 규칙을 찾고 설명하게 했습니다.

미션1

(1) 아래 모양의 배열에서 규칙은? (짝에게 설명하기)

(2) 세 번째 칸의 모양은? (그리기)

(3) 모양 배열을 수 배열로 바꾸어 설명하기

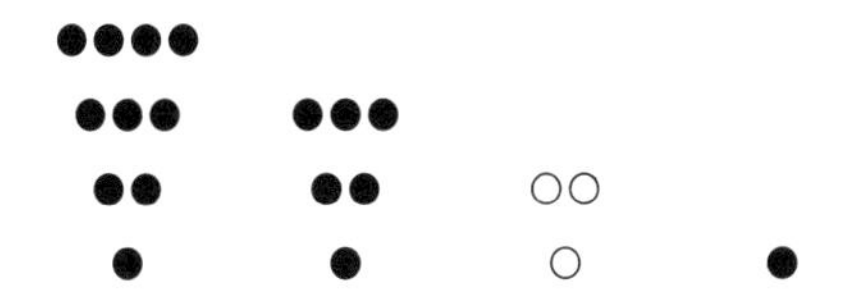

짝활동으로 (1)과 (2)를 하고 난 후에 (3)에서는 앞 시간에 놓친 피드백 단계를 거쳐서 진행했습니다. 학습 되돌리기입니다.

① 학생: 바둑돌 아래에 합한 숫자를 쓴다.

② 학생: 10, 6, 3, 1의 수 배열 규칙을 찾는다.

③ 교사 피드백: 각 행마다 바둑돌의 수를 적게 한다.

④ 이끎질문: 10과 6의 수가 어떻게 이루어져 있는가?

이 미션은 이미지가 바뀌었을 뿐 4차시 학습 내용과 크게 차이가 없습니다. 그러나 4학년 학생 중에는 이미지의 모양이 바뀌기만 해도 헷갈리는 경우가 많다는 거 아시지요? 살짝 바꾸어서 제시하되, 개념의 적용은 그대로 이루어지게 했습니다.

반복은 역시 학생들에게 배움을 쉽게 느끼게 해 줍니다. 2차시 때와는 확연히 차이 나는 빠른 속도로 학습을 하고 설명도 지난번보다는 명확하게 잘하고 있었습니다. 학생들의 설명 중에 배열이라는 말이 등장하고 학습에 자신감이 붙어 있는 걸 알 수 있었습니다.

6차시, 한 계단 올라서다

6차시는 도형의 배열은 사라지고 오로지 셈식에서 규칙을 찾아서 설명하는 과정입니다. 쉽다면 쉽고, 어렵다면 어려운 규칙 찾기입니다. 이러한 숫자의 규칙은 수를 분해하고 합치는 과정에서 수에 대한 반응을 빠르게 할 수 있도록 도와줍니다.

- 평가 문항: 덧셈식과 뺄셈식에서 규칙을 찾아 설명할 수 있다.
- 핵심질문: 9와 5를 만드는 수는?
- 수업자 의도: 원 안의 숫자를 활용하여 덧셈과 뺄셈이라는 기초적인 지식을 통해서 규칙을 찾을 수 있게 한다. 그리고 모양을 변형하여 그 덧셈식과 뺄셈식을 활용할 수 있도록 한다.
- 평가 단계 및 이끎질문

평가 수준 / 평가 단계			평가 시기	이끎질문
◎	잘함	덧셈식과 뺄셈식을 활용하여 자신만의 규칙 문제를 만들 수 있다.	3차	덧셈, 뺄셈을 활용한 규칙 배열 미션 만들기
○	보통	덧셈식과 뺄셈식을 활용하여 규칙에 맞은 수를 찾을 수 있다.	2차	규칙에 맞는 다섯 번째 수는?
△	노력 요함	수 규칙에서 덧셈식과 뺄셈식을 찾을 수 있다.	1차	중앙에 있는 숫자 9와 5의 양끝은 왜 2와 7일까?

평가 단계별 이끎질문

이끎질문 1) 중앙에 있는 숫자 9와 5의 양끝은 왜 2와 7일까?

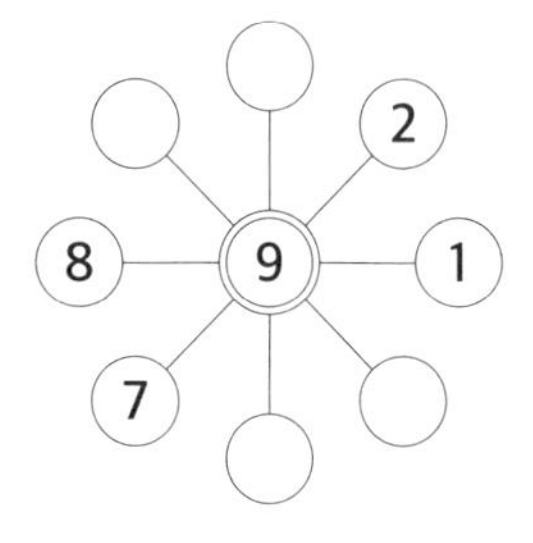

- 수 규칙 이미지를 보고 질문 만들기
- 중앙의 숫자 9의 양끝은 왜 2와 7일까?
- 덧셈식 원리 찾아 짝에게 설명하기

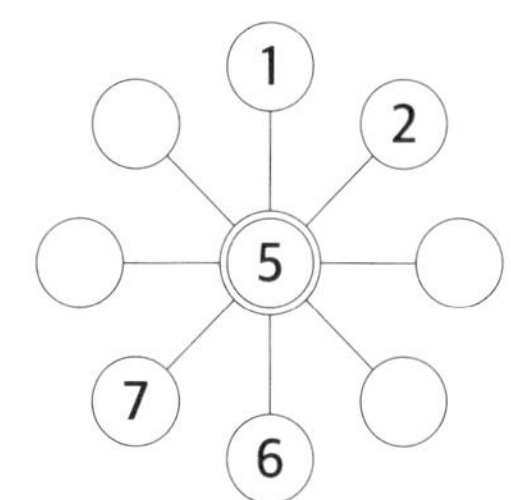

- 수 규칙 이미지를 보고 질문 만들기
- 중앙의 숫자 5의 양끝은 왜 2와 7일까?
- 뺄셈식 원리 찾아 짝에게 설명하기

이끎질문 2) 규칙에 맞는 다섯 번째 수는?

순서	덧셈식
첫째	1+3=4
둘째	1+3+5=9
셋째	1+3+5+7=16
넷째	1+3+5+7+9=25
다섯째	?

순서	뺄셈식
첫째	381-111=270
둘째	481-211=270
셋째	581-311=270
넷째	681-411=270
다섯째	?

이끎질문 3) 덧셈, 뺄셈을 활용한 규칙 배열 미션 만들기

학급의 모든 학생이 이끎질문 세 개를 한 차시에 완수하는 것은 쉬운 일이 아닙니다. 그래도 학습의 속도가 붙었는지 세 가지 학습을 모두 완료했습니다. 특히 자신이 만든 미션을 짝이 해결한다는 점은 학생들에게 새로운 흥미를 가져다주었습니다. 이끎질문 3단계에서 생각보다 학습 시간이 많이 걸렸기에 배움 글쓰기는 생략했습니다.

5

짝이동의 스피드를 올리다 (7~9차시)

짝이동 활동, 타이밍

7차시는 곱셈, 나눗셈 규칙 찾기.

8차시는 삼각형 배열 규칙 찾기.

9차시는 규칙적인 계산식 설명하기.

5차시까지 느리게 가던 수업이 6차시부터 속도가 붙기 시작했습니다. 학습의 속도가 붙기는 했지만 아직 연습이 더 필요합니다. 학생들의 눈높이에서 쉽게 적용할 수 있는 문제를 준비했습니다. 그럼에도 어렵게 느껴졌다는 학생들 몇 명의 피드백이 있었습니다. 물론 쉬웠다는 학생들도 있었지요. 어렵다는 학생들은 왜 그렇게 느꼈을까요? 무엇이 문제였을까요? 곰곰이 생각해 보았습니다.

아하! 짝이동 활동 타이밍. 연수 때 들었던 배움을 촉진하는 짝이동 활동의 타이밍이 떠올랐습니다. 7~9차시는 짝활동의 타이밍에 신경을 써 보기로 했습니다.

학생들이 말로 설명하는 것을 어려워하는 이유는 평소에 그렇게 표현하는 연습을 하지 않아서일 겁니다. 그래서 단위 수업 시간에 잘 설명하기 위해서는 여러 번 반복해서 충분한 연습을 할 수 있게 해 주어야 합니다. 연습의 기회를 줬다고 생각했는데 문제는 짝을 바꾸는 시간에 있었습니다. 지금까지 저는 짝대화를 잘하기 위해서 시간을 충분히 줬습니다. 이것이 문제였습니다. 짝과 충분히 대화한다고 해서 학습력이나 사고력이 꼭 올라가는 게 아니라는 것이지요. 무슨 말이냐고요?

한 짝과 충분히 대화하지 않고 다른 짝으로 넘어가는 게 효과적일 때가 더 많다는 것입니다. 학습 대화의 욕구가 충족되기 전에, 아쉬울 때, 자신이 제대로 이해했는지 잘 모를 때도 빨리 짝을 이동시켜서 그 문제를 계속 이야기하게 하라는 것입니다.

다시 설명해 보자면 ①번 문제를 가지고 한 짝과 충분히 대화하고 난 뒤에 짝을 바꾸어 다음 짝과는 ②번 문제를 충분히 대화하게 하는 게 아니라는 것이지요. 도리어 ①번 한 문제를 가지고 세 번 짝을 바꾼다는 의미입니다. 한 짝에게 끝까지 제대로 설명하지 않아도 됩니다. 만약 한 문제에 5분의 시간을 소요할 예정이라면 이런 식입니다.

첫 번째 짝(1분): 학습 대화가 완료되지 못한 상태입니다. 처음은 워밍업 대화라고 생각하면 됩니다.

두 번째 짝(1분): 학습 대화를 다시 시작해야 합니다. 이 과정에서 앞 짝의 생각을 수용하기도 하고 자기 생각을 스스로 다듬는 시간이 되기도 하지요.

세 번째 짝(1분): 두 명의 짝과 대화를 하는 동안 자기 생각을 다듬고 문제 해결에 대한 자신의 말을 스스로 정교화하게 됩니다. 물론 세 번째 짝까지도 문제 해결이 안되는 경우도 있습니다.

교사 피드백(2분): 이제 교사가 전체적으로 피드백을 해 줍니다. 이는 문제 해결을 잘한 학생들에게는 성취감을, 아직 문제 해결을 못한 학생들에게는 해결의 열쇠를 제공하는 과정이 됩니다.

짝이동 활동의 템포를 올렸습니다. 그러자 확실히 도움이 되었습니다. 학생들이 학습 대화에 아쉬워하도록, 학습에 대한 욕구가 다 채워지기 전에 빨리빨리 이동시켰습니다. 학생들도 학습에 재미를 느끼기 시작했고, 학습력도 올라가는 것이 보였습니다. 질문수업 짝이동 활동의 아주 중요한 포인트를 실천할 수 있게 되었습니다. 이렇게 수업을 하니 감동 그 자체였습니다.

영이의 변화는 놀라왔습니다. 이제는 수학이 싫지만은 않고 놀이처럼 할 수 있다는 걸 알았다고 합니다. 철수는 배움 글쓰기를 무려 공책 한 바닥이나 썼습니다. 쉬는 시간도 반납하고 말이지요. 철수는 질문수업이라고 하지 않고 계속 토론수업이라고 부릅니다. 맞습니다. 질문과 대화가 오가는 바로 토론수업이지요. 명칭이 중요한 게 아니라 어떻게든 학생이 배우는 것이 중요합니다. 많은 학생이 열심히 반복하며 짝에게 설명하는 모습을 보니 뿌듯하고 교사로서 자긍심이 들었습니다.

철수: 오늘도 규칙 찾기다. 규칙 찾기는 예를 들어 30-60-120-240에 규칙이 무엇인지 찾는 것인데 내가 쓴 것은 30+60+120+240 이렇게 풀 수도 있고 오른쪽으로 가면 ×2 되어 있는 것처럼 풀 수도 있다. 오늘 규칙 찾기를 하면서 배운 점이 많은 것 같다. 규칙 찾기는 역시 재미있다. 그리고 친구들이 잘 알아서 내가 문제를 푸는 데 도움을 많이 주었다. 수학 만드신 분 대단하십니다. 선생님도 저에게 잘 알려 주셔서 고맙습니다. 얘들아 너희도 나에게 도움을 줘서 고마워. 규칙 찾기 단원 안 넘어갔으면 좋겠다. 근데 아직 규칙 찾기에서 모르는 게 많다. 빨리빨리 배웠으면 좋겠다. 규칙 찾기 단원 늦게 끝나면 좋겠어!

확실한 건 수업 준비에 대한 부담이 점점 줄고, 준비 시간도 단축되었습니다. 게다가 학생들이 행복하다고 말합니다. 이제야 학생을 가르치기 위해서 단지 교사의 수학 지식만 필요한 것이 아님을 알게 되었습니다. 학생의 배움을 위한 알맞은 방법이 필요하다는 걸 느끼는 시간이었습니다.

6

학업성취도
(10차시)

3 × 1
− ÷
2 +

10차시, 학업성취도

제대로 된 질문수업인지 아닌지 모른 채 10차시에 도달했습니다. 제가 한 수업이 맞는지 틀린지는 중요하지 않습니다. 그저 학생들이 잘 배우기만 하면 됩니다. 그래서 학생들의 학업성취도는 제가 진행한 수업 방식을 증명해 줄 하나의 잣대입니다. 수업했으니 어떤 형식으로든 학생들의 성장이 있어야 합니다. 지난 단원 평가를 쳤을 때 우리 반 점수는 50~100점에 분포했습니다. 수학 질문수업의 효과는 확신하지만 교사로서 수학 질문수업에 대한 자신이 부족해서 결과를 확인하고 싶었습니다.

'과연 학생들은 성장했을까? 좌충우돌 시도는 했는데 점수가 형편

없으면 어떡하지? 수학익힘책은 거의 풀지도 않았는데 괜찮을까?'

이런저런 걱정을 가득 안고 평가지를 나눠 주고 시험을 쳤습니다. 물론 학생들에게는 반복 학습의 하나라고 말했습니다. 채점을 해 보니 단원 평가 결과 모두 80~100점 사이에 분포했습니다. 90점 이상이 대부분이었고, 가장 많이 틀린 학생은 영이였습니다. 그래도 영이는 환한 미소를 지었습니다. 와! 대단한 성과입니다.

우리 반 20%는 수학 부진으로 4학년을 시작했습니다. 〈규칙 찾기〉는 4학년 1학기 수학에서도 어렵다고 평가받는 단원 중 하나입니다. 수업을 진행하며 학생들이 어렵게 느낀 순간도 많았는데 단원 평가 결과가 잘 나와 주었습니다. 질문수업에 대한 저의 교수법이 더 능숙했다면 학생들의 성적이 더 높지 않았을까 하는 마음도 들었습니다.

그래도 만족합니다. 일단 학생들이 행복해합니다. 질문수업을 통해 학생들이 수학에 대한 호기심과 재미를 느끼고, 수학이라는 과목을 좋아하게 되었습니다. 긍정적 효과는 선순환하여 수학 학습에 대한 학생들의 자신감, 자존감까지 올라가게 되었습니다.

어려워도 괜찮아!

규칙 찾기 수업을 하는데 계속해서 어렵다고 하는 학생들이 있어 좌절하기도 했습니다. 학생들이 잘 배우고 있는지 의문과 의심을 지울 수가 없었습니다. 그런데 영이의 배움 글쓰기를 보고 알았습니다. 헷갈리고 어려운 과정을 지나며 학생들은 성장하고 있었다는 것을요.

영이: 처음에는 규칙이랑 설명이 어려웠는데 지금은 어려운 규칙 빼고 잘 풀 수 있을 것 같다. 처음에 쓴 걸 보니까 바둑돌 규칙이 어려웠다는 내용이 적혀 있다. 다시 바둑돌 규칙을 보니까 뭔지 알았다.

어쩌면 저는 수학 질문수업이 그냥 즐겁기만 해야 한다고 착각하고 있었던 건 아닐까요? 분명 머리가 깨질 듯 아프다고 한 부진 학생 이야기도 들었었는데… 배움의 시작은 부담 없는 과제로 열어야겠지만, 그것이 전 과정의 수월함과 같은 이야기는 아닐 것입니다. 가장 좋은 과제의 난이도는 약간 어려운 것이라는 이야기도 있으니까요.

수학 질문수업이라고 다 즐겁고 쉬워야 한다는 것은 오히려 저의 편견이었습니다. 오히려 뻔한 질문만 던지면 그것이야말로 학생들의 흥미를 금방 잃어버리게 해서 배움을 방해하는 수업이 될 것입니다.

수학 질문수업을 하면서 가장 좋았던 것은 수학 천재 철수와 수포자 영이, 모두에게 배움이 되는 시간이었다는 점입니다.

수학 천재 철수, 장애물을 만나다

우리 반에는 자칭 수학 천재 철수가 있습니다. 학원에서 미리 배워서 다 안다나 뭐라나? 제가 설명하기도 전에 공식을 줄줄 말하고 교과서 문제를 풀라고 말하기도 전에 너무 쉽다며 혼자 먼저 다 풀어 버리는 식이지요. 그런 철수의 모습에 다른 학생들은 불평을 늘어놓았습니다. 채점하면 틀리는 경우도 거의 없었고요. 철수는 수학 수업이 너무 쉬워서 재미가 없다고 불평했고 거드름을 피웠습니다.

수학 질문수업을 만난 뒤로 철수의 모습은 어땠을까요? 여전히 질문에 답은 쉽게 구했습니다. 하지만 그것을 친구가 이해하도록 설명하는 건 다른 문제였지요. 철수는 고개를 갸웃거리더니 분명 아는데 뭐라고 설명해야 할지 모르겠다고 말했습니다.

평가기준표를 보여 주면서 설명할 수 있어야 상 수준, 즉 수학의 고수라고 알려 주었습니다. 철수는 자신이 여태 고수라고 생각했는데 막상 중 수준이라는 사실에 억울해했지요. 수학 질문수업을 해 가면서 철수는 새로운 수학의 세계에 눈을 떴습니다. 자신이 아는 것을 다른 친구들이 이해할 수 있도록 설명할 수 있어야 한다는 것이었습니다. 수업이 진행될수록 철수는 친구들에게 잘 설명하기 위해서 노력하는 학생이 되었습니다.

수포자 영이, 그녀의 변화

수학을 잘하는 학생들이야 무슨 걱정일까요. 싫어하지 않기만 해도 중간은 갑니다. 그러나 현실은 어떻지요? 학생들이 가장 싫어하는 과목에 수학이 뽑히는 것이 부지기수입니다. 싫어하는 까닭은 무엇일까요? 단순합니다. "어렵다." 수학 문제를 봐도 이해가 안 되고 풀 수는 더더욱 없습니다.

잘할 수 없는 일을 좋아하기란 하늘에 별 따기만큼이나 어렵습니다. 흥미도 없고 해결 방법도 모르는 일을 계속 강요받는 상황, 어느 누가 그런 일을 좋아할 수 있을까요? 오죽하면 수포자라는 단어까지 흔해졌겠습니까?

수학 질문수업을 하며 유난히 눈길이 가고 마음이 쓰이는 학생이 있었습니다. 바로 영이입니다. 수학 시간마다 전혀 모르겠다는 동그란 눈으로 눈만 껌벅입니다. 멍 때리는 순간도 많습니다. 혼자만의 세계로 언제든 떠날 준비를 하는 것만 같습니다. 미술 시간에는 예술가가 되는 영이가 수학 시간에는 시든 잡초같이 생기 없이 앉아 있기만 합니다.

처음 수학 질문수업을 하고 영이의 반응은 어땠을까요? 한마디로 말이 없었습니다. 생각에 잠긴 얼굴, 친구의 말에 귀 기울이는 것 같기도 하고 혼자만의 세계로 떠난 것 같기도 한 아리송한 표정, 그런 영이가 늘 마음이 쓰였습니다. 특히 숫자가 커지자 도저히 모르겠다는 얼굴로 계산기를 계속 두드리며 고개를 절레절레 흔드는 모습에 얼른 다가가 이건 이렇고 저건 저런 거야 설명해 주고 싶은 마음을 꾹 참느라 저의 인내심이 길러질 정도였습니다.

수학 질문수업은 벌써 몇 차시가 진행되었지만, 여전히 영이는 말이 없었습니다. 배움 글쓰기를 읽어 보면 영이가 보냈을 수업 시간이 고스란히 느껴집니다.

영이: 오늘도 조금 힘들었다. 다음 시간에는 말할 수 있게 노력하겠다.

듣지도 않는 건 아닐까 걱정했던 저의 우려와 달리 영이는 다음 시간에는 말도 해 보겠다는 포부를 밝힙니다. 어려운 순간을 만나도 포기하지 않고 노력하려는 모습이 대견할 따름입니다. 물론 그 후로도 영이가 말하는 모습은 좀처럼 보이지 않았습니다. 어떤 날은 도저히 모르겠다며 울상을 짓고 저에게 달려오기도 했지요. 영이가 텅 빈 공책을 가지고 달려왔을 땐 솔직히 말해 저도 울고 싶었습니다. 수학 질문수업도 안되는 건가 하며 좌절감도 들었습니다. 하지만 고맙게도 영이는 포기 대신 노력을 선택했습니다.

영이: 이해는 했지만, 더 어려운 것을 배우는 데는 시간이 걸릴 것 같다. 그래도 재미가 아예 없었던 건 아니었다. 못 이뤄 냈던 걸 이뤄 내니 기쁜 느낌이 들었다.

그렇게 시간이 흘러 시작했던 단원도 막바지에 왔습니다. 영이의 배움 글쓰기를 읽어 내려가던 순간 갑자기 심장이 뛰었습니다.

영이: 예전에는 수업이 노는 것 같이 재미있게 할 수 있는 거란 자체를 몰랐는데, 요즘은 예전처럼 수학이 싫지 않다. 어렵긴 하지만 약간은 재미있다. 나도 앞으로 규칙을 잘 찾아야겠다는 생각이 들었다.

"요즘은 예전처럼 수학이 싫지 않다." 혼자서 좀 이상한 사람처럼 몇 번이고 이 문장을 되뇌었습니다. 수학 시간마다 유난히 의욕 없고 딴생각에 빠져 있던 영이가 적은 글 맞나 싶었습니다.

무엇이 수학에 대한 영이의 감정을 바꾸어 놓았을까요? 처음에 영이는 짝이 설명하는 것을 계속 듣기만 했습니다. 한 시간이 지나고, 두 시간이 지나고, 세 시간이 지나도 영이는 말하지 않았습니다. 심지어 다른 친구가 이야기할 때 집중을 안 하는 것처럼 보이는 때도 있었지요.

하지만 여섯 번째 시간이었을까요? 갑자기 영이의 말문이 트이기 시작했습니다. 유려하거나 유창한 말은 아니었지만 그래도 말을 하려는 모습이 보였습니다. 충분한 노출이 영이에게 쌓이자 자신도 모르게 입을 열게 된 것입니다. 영이가 수학이라는 언어를 배운 것입니다. 야호!

학생마다 이 시기는 다를 겁니다. 우리 반 영이는 여섯 번째 시간이었지만 누군가는 두 달이 걸릴 수도 있겠지요. 하지만 친구가 옆에서 나만을 위해 반복해서 설명해 주는 경험은 수포자도 수학에 관심을 가질 기회를 선물합니다. 상상해 보면 쉽습니다. 누가 나에게 자꾸 똑같은 말을 한다면 처음에는 관심이 없더라도 그게 도대체 뭔데 하며 궁금해하는 것이 사람의 심리지요.

대한민국의 교실에 있는 수많은 철수와 영이에게도 이 수학 질문 수업을 선물해 주고 싶습니다.

질문수업으로 찾은 교사 자존감

"이 수학 수업이 마지막이 아니었으면 좋겠다."

한 남학생이 마지막 수학 수업을 마치고 남긴 글이다. 수학 수업이라면 왠지 모르게 움츠러들던 내가 어떻게 이런 말을 들을 수 있었을까? 질문수업 덕분이다. 질문수업을 배우고 많은 것이 달라졌다.

일단 수업 준비에 대한 스트레스가 줄었다. 학생들을 가르칠 때 다음 날 수업 준비가 되어 있지 않으면 스트레스를 받곤 했다. 온라인 초등교사 커뮤니티를 뒤져 좋아 보이는 PPT를 찾았다. 성공적인 날도 있었고 생각과 달리 흐름이 엉키는 날도 있었다. 그러나 질문수업을 시작하고 나서는 수업 준비 때문에 동동거리는 날이 줄었다.

멋진 PPT로 열심히 설명하는 수업을 할 때는 학생들이 이해하지 못하는 지점이 생기면 답답했다. 두 번, 세 번 말해도 알아듣지 못하는 학생들을 원망했다. 마음 깊은 곳에서는 부족한 나에 대한 자책이 있었다.

하지만 질문수업을 하면서는 학생들이 나의 설명을 이해하지 못할까 봐 걱정하는 일이 없어졌다. 오히려 학생들이 이해가 되지 않거나 궁금한 지점이 생기면 의욕이 불타오른다. 어떤 질문으로 그 학생이 '유레카!'를 외칠 수 있게 도와줄까 하는 고민이 시작되는 것이다. 이건 나에게 엄청난 변화다. 스트레스를 받던 상황이 오히려 열정을 되살리는 순간으로 변해 버렸으니까.

벌써 질문수업을 통해 얻은 세 가지 좋은 점을 이야기했다. 첫째, 수학 수업이 계속되길 바란다는 학생의 극찬을 들었다. 둘째, 수업 준비에 대한 부담이 줄었다. 셋째, 학생들이 나의 설명을 이해하지 못하는 것에 대한 스트레스가 줄었을 뿐 아니라 학생들이 이해하지 못하는 상황이 생기면 활용하게 되었다. 질문수업을 하며 얻은 교사로서의 성장과 발전은 이뿐만이 아니다.

- 학생들이 수업을 좋아한다.
- 교사로서 수업 준비에 부담이 적다.
- 학생들이 이해하지 못하는 상황도 즐겁게 수업에 활용한다.
- 학생들 사이에 의사소통 기회가 늘어난다.
- 학생들이 서로를 가르치고 배운다.
- 학생이 주도하는 배움 중심 수업이 된다.
- 학생들끼리 피드백을 주고받음으로써, 교사에게는 여유가 학생에게는 성장의 기회가 생긴다.
- 소외되는 학생이 없고 교우 관계가 좋아진다.
- 수업 속에서 인성 교육이 동시에 이루어진다.
- 교사와 학생 모두 자기효능감이 생긴다.

질문수업의 장점을 간단히 적어도 열 가지나 된다. 장점 하나하나를 더 상세히 풀어 적을 수도 있다. 질문수업의 입문자인 나는 열 가지의 장점을 이야기했지만 질문수업의 고수인 수석 선생님은 어떨까? 열 가지가 아니라 백 가지가 넘는 장점을 이야기할지 모른다. 질문수업을 하며 느끼는 보람과 기쁨, 놀라움의 순간이 그만큼 다양하기 때문이다. 이렇게 좋은 수업 방식이 있다면 한번 해 볼 만하지 않을까? 그러면 또 이런저런 걱정이 생길지 모른다. '혹시 수업 방식이 복잡하거나 어려운 것 아니야? 배우려면 많은 시간과 정성을 쏟아야 하는 거 아냐? 지금도 무난하게 하고 있는데 또 다른 방법을 배우려면 괜히 힘만 들고 성과는 미미한 거 아닐까?'

물론 수업 연구에 많은 시간과 노력을 쏟은 사람이 수업을 잘하게 될 가능성이 크다. 그런 사람일수록 수업에 자신감이 생기는 것은 당연하다. 그러나 내가 질문수업에 가장 큰 매력을 느꼈던 이유는 질문수업이 대단한 준비 없이도 처음에 쉽게 시작할 수 있었기 때문이다. 교사인 우리 모두는 재료를 충분히 가지고 있으니까 말이다.

질문수업은 간단한 구조와 원리를 갖고 있다. 누구나 아주 쉽게 질문수업을 시작해 볼 수 있다. 꼭 수학 교과가 아니라도 괜찮다. 국어도 좋고 사회도 좋다. 이 사실을 믿고 시도해 본다면 지금까지의 수업에서 고민되었던 많은 지점이 해결될 것이다. 물론 질문수업을 계속해 나가다 보면 수업을 위한 고민이 필요한 지점도 있다. 그러나 처음부터 그런 고민을 할 필요는 전혀 없지 않을까? 여기에 질문수업 레시피가 있으니 일단 수업 요리를 시작해 보자.

배움은 긍정적 학습 정서로

초롱 샘 수학 질문수업에서는 수학 언어의 노출값을 높이기 위해서 많이 말해야 하잖아요? 수학 질문수업에 도전하면서 교사 언어에 대해서도 생각이 미치더라고요. 지금까지 저는 수업 시간에 집중하지 않고 설명 안 듣는 학생이 있으면 다그쳤거든요. "철수야, 설명 잘 들어야지" 하고 이름 부르면서요.

수진 샘 저도 마찬가지예요. 문제를 늦게 푸는 것에 답답해하면서 말로는 괜찮다고 했지만 속마음은 재촉하는 저를 느낄 때가 많았어요. 학생들도 그걸 아는 것 같고요. 또 제가 세운 규칙을 학생이 어기면 예외 없이 잔소리를 했지요. 그게 교사로서 바르다고 생각했어요. 저의 불편한 시선을 참고 견뎠을 학생들을 생각하면 미안할 지경이에요.

조금은 여유로워진 지금의 저를 만났다면 달라졌을까요? 말로만 틀려도 괜찮다가 아니라, 진짜 괜찮다는 것을 학생들이 알았다면 어땠을까요? 수석 선생님의 수업을 참관하니 학생들 의지를 끊임없이 북돋아 주는 표정, 격려의 말, 칭찬, 토닥거림 등이 추임새처럼 따라오더라고요. 비난, 질타, 야단이 들어간 수업과는 결이 달랐어요. "여기 틀렸다. 다시 해라!"와 같은 의미 없는 피드백은 전혀 들리지 않았어요. 그게 가장 인상적이었어요.

수석 샘 두 분 다 잘 가르치고자 하는 열정으로 학생들을 지도했을 겁니다. 제대로 가르치는 것도 중요한 일이고요. 하지만 학생이 잘 배우기 위해 선행되어야 할 것이 있습니다. 바로 수업 시간에 흐르는 따뜻한 분위기, 서로 인정하고 존중하는 마음이에요. 질문수업의 바탕에는 존재에 대한 고마움과 환대가 있습니다. 실수해도 괜찮고 틀려도 괜찮은 것이죠. 말로만 괜찮은 게 아니고 진짜 괜찮습니다. 오히려 좋아요. 틀려 봐야 학생들이 무엇을 모르는지 알 수 있고 그 과정에서 배움이 일어나니까요.

저 역시 학생들에게 해 주어야 하는 말들을 컴퓨터 모니터 옆에 붙여 두고 항상 연습합니다. 제 모니터 옆에 붙어 있는 쪽지를 살짝 공유할 테니 선생님들도 항상 곁에 두고 보면서 연습해 보세요. 능숙함은 연습으로부터 오니까요.

- 고마워!
- 틀려도 괜찮아.
- 도와줄까?
- 다시 해 볼까?

- 학교에는 배우러 오는 거란다.

수학 질문수업을 시작할 때 이런 부분이 처음에는 잘 보이지 않을 수 있습니다. 하지만 처음 시작하는 분일수록 꼭 기억해 주시면 좋겠어요. 긍정적 학습 정서를 만드는 것이 배움의 출발이라는 것을요!

문제 풀이가 아니라 문제 해결력

초록 샘

저의 수업 도전기 어떠셨어요? 솔직히 고백하면 쉽지만은 않았어요. 가장 어려웠던 건 기존의 수학 수업 방식대로 문제 풀이를 하고 싶은 유혹을 떨쳐 내는 거였어요. 개념을 대충 읽고 진도 빼기에 급급했던 옛 습관이 불쑥불쑥 튀어나왔거든요. 그동안은 한 문제에 대해 오래 생각하거나, 질문을 던지거나, 틀려 보거나, 학생 스스로 생각할 시간을 주지 않았어요. 손쉽게 답지와 해설지를 보고 비슷한 문제 유형을 다루기만 했어요. 문제를 풀고 답을 확인할 때에는 안다고 착각하지만, 정확한 풀이 과정과 문제를 해결하는 방식을 설명할 수는 없었더라고요.

수진 샘 선생님 말씀에 정말 공감해요. 저도 문제 풀이 수업을 해 왔었거든요. 이제 와 돌이켜 보니 보이는 것 같아요. 수석 선생님, 질문수업과 기존 수학 수업의 이런 차이를 어떻게 정의하면 좋을까요?

수석 샘 한마디로 수학 질문수업은 문제 해결력을 키우는 수업이에요. 짝과 함께 질문을 만드는 것에서 출발하여 선생님의 이끎질문을 따라가다 보면 어느새 핵심질문에 도착하게 돼요. 짝에게 설명하면서, 짝의 설명을 들으면서, 짝에게 문제를 내면서 스스로 해결하는 경험을 쌓는 겁니다. 그러면서 자연스레 문제 해결력이 키워집니다. 단순한 문제 풀이와는 다른, 사고력이 길러지는 과정이 있는 겁니다. 학습한 내용을 수학적 언어로 반복해서 말하고 설명함으로써 완전히 자신의 것으로 만드는 과정입니다.

수진 샘 수석 선생님 말씀을 듣고 보니 이런 생각이 드네요.
"수학 성적은 선행이 아니라 문제 해결력이 결정한다."

점프 과제로 점프하자

초롱 샘 수학 한 단원을 무사히 가르치고 나니 또 이런 저런 궁금함이 생겨요. 이번 단원을 재구성하면서는 빼 버렸던 부분인데요. 수학 교과서의 도전 과제 있잖아요. 심화 학습 부분이라 어렵거든요. 수석 선생님께서는 토론이나 논쟁으로 배워 보라고 하셨잖아요. 다음번에는 저도 한번 도전해 보고 싶은데 아직 자신이 없어서 그런지 망설여지고 이게 정말 될까 하는 생각이 앞서요.

수진 샘 제 경험을 나누어 볼게요. 어느 날 수학 질문수업을 진행하는데 시간이 부족한 거예요. 그래서 문제만 제시해 주고 수업이 끝나 버렸어요. 학생들에게 한마디 덧붙이기만 했지요. "포스트잇에 문제를 써서 계속해서 생각해 봐." 그랬더니 급식실을 갈 때도, 화장실을 갈 때도, 점심시간에도 학생들이 모여서 문제를 같이 푸는 모습을 보이더라고요. 정말 신기했어요. 이게 토론 아닐까요? 만약 제가 숙제를 내 주었다면 안 했을 텐데, 시켜서 하는 공부가 아니라 정말로 알고 싶어서 공부하는 모습이더라고요. 이제는 저도 어려운 문제에 멈칫 하지 않아요. '학생들이 풀 수 있을까?' 하는 걱정도 안 해요. 질문수업이 자리 잡고 나면 꼭 도전해 보세요!

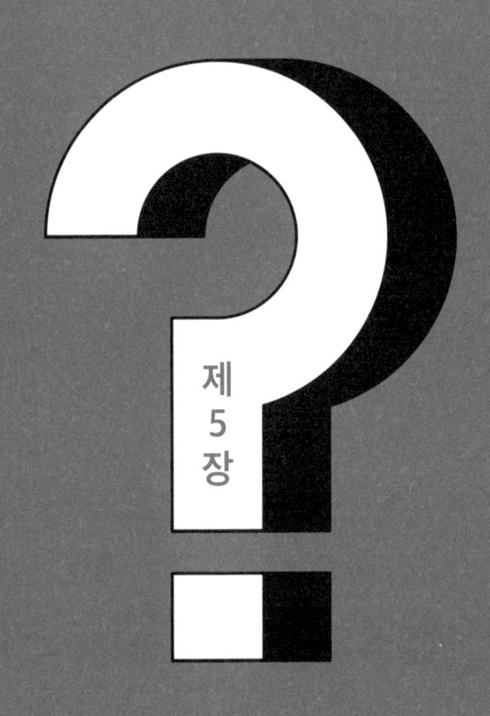

수학 질문수업 놀이로 즐겁게

수학 질문수업을 좀 더 생동감 있게

수진 샘

초롱 선생님, 수학 질문수업 도전에 성공하신 거 축하드려요. 그런데 질문수업에 다양한 놀이를 적용하면 더 생동감 있게 수업을 진행하실 수 있다는 거 아시나요?

초롱 샘

어머나. 수학 수업에서도 놀이를 할 수 있나요? 그런 건 생각을 못해 봤어요.

수진 샘

공책 줄 긋기 놀이 기억하시지요? 이런 줄 긋기처럼 놀이라고 부르면 되는 거예요. 놀이가 별거인가요? 제한 시간을 주고 어떤 활동에 몰입할 수 있다면 좋은 거 아니겠어요? 놀이를 만드는 요소는 승패만 있는 게 아니라, 제한 시간 내에 자신이 무엇인가를 해낼 수 있다면 그것도 즐거운 놀이로 만들 수 있을 거예요.

한 번 익혀 두면 두고두고 쓸 수 있는 다양한 수업 놀이가 많잖아요. 그중에서도 1~3분 이내에 활용할 수 있는, 짧고 효과적인 놀이들을 살펴보도록 해요.

1

아이엠그라운드 놀이

“아이엠그라운드 자기소개하기. 짝짝 홍길동. 짝짝 알라딘.”

어디선가 한 번쯤 들어본 적 있는 놀이입니다. 이 놀이를 쉬는 시간이 아니라 수업 시간에 사용할 수 있다는 사실을 아십니까? 아이엠그라운드놀이는 개인의 생각을 전체로 빠르게 공유하기에 좋은 방법입니다. 학생이 20명이면 이 놀이 한 번에 걸리는 시간은 과연 얼마일까요? 5분? 10분? 놀랍게도 35초입니다. 1분도 안 되는 시간입니다.

이 놀이의 장점은 무엇일까? 바로 모든 학생의 참여와 학습 피드백입니다. 그 짧은 시간에 모든 학생이 참여하게 되지요. 참여의 힘만큼 큰 건 없어요. 여러 번 말하고 있지만 학생이 수업에 참여를 해야 스스로 피드백할 수 있고 교사의 피드백도 일어나게 됩니다. 입 밖으로 말을 함으로써 지금 현재 놓치고 있는 것이 무엇인지 알 수 있습니다. 피드백을 할 수 있게 되지요.

아이엠그라운드놀이를 통해 학생의 수업 참여 독려와 학습 피드백을 해 보시면 좋겠습니다. 수학 수업에서 아이엠그라운드놀이를 할 수 없을 것 같다고요? 그렇지 않습니다. 이 놀이는 무엇이든지 수업과 관련된 것으로 만들어 낼 수 있습니다. 수업 장면으로 들어가 보겠습니다.

"둘레는 언제 쓰일까?"

교사의 질문입니다. 짝대화로 자신의 경험을 꺼냅니다. 학생들은 다양한 아이디어로 확장합니다. 머리둘레를 잴 때, 둘레길 거리를 측정할 때, 선물을 포장할 박스를 살 때 등 짝에게 생각을 말하고, 짝의 생각도 듣습니다. 자신의 생각과 짝의 이야기 중 미처 생각하지 못했던 내용을 공책에 작성합니다. 그리고 나면 반 전체가 아이엠그라운드놀이를 시작하는 것이지요.

① "아이엠그라운드 둘레 말하기" 하고 전체가 외친다.

② 게임은 계속 손을 움직이며 네 박자로 진행된다.

(양손으로 책상 한 번 치고 - 박수 한 번 치고 - 엄지를 세운 오른손으로 오른쪽 한 번 - 엄지를 세운 왼손으로 왼쪽 한 번, 이렇게 총 네 박자를 반복한다.)

③ 자기 차례가 돌아오면 오른쪽 손을 들어 우로 향할 때 자기 생각을 말한다.

(왼쪽 손을 들어 좌로 향할 때까지, 예: 둘레길, 머리둘레 등)

④ ③번 방식으로 다음 학생으로 넘어간다.

⑤ 위 형식을 반 전체 학생이 끝날 때까지 반복한다.

아이엠그라운드 놀이

학생이 놀이하는 동안 교사는 무엇을 해야 할까요? 가장 많이 등장하는 내용, 반복적으로 등장하는 말, 학생들의 오류로 인해 등장할 수 있는 말들을 찾아야 합니다. 그래야 긍정적 피드백이든 정교화 피드백이든 학습의 피드백을 해 줄 수 있게 됩니다.

이 놀이 시작 전에 미리 챙겨야 할 단계가 있습니다. 그건 아이엠그라운드가 흘러가는 순서입니다. 누구부터 시작하여 그다음은 누가 해야 하는가를 명료하게 정해 주고 시작해야 합니다.

자기 순서를 미리 아는 것과 놀이를 바로 시작하는 것은 큰 차이가 있습니다. 학생들에게 "선생님 손가락(집게손가락)을 보세요. 그리고 선생님 손가락을 따라와 보세요." 이렇게 게임을 시작할 첫 번째 학생부터 가리킵니다. 그리고 손가락으로 학생들을 쭉 훑으며 마지막 학생까지의 흐름을 마치 파도타기 하듯이 알려 줍니다. 이런 디테일 하나가 수업을 탄력 있게 만듭니다. 놀이가 중간에 끊기면 수업 분위기도 한순간 바람 빠진 풍선이 될 수 있습니다. 이를 방지하며 재밌게 시작하고, 끊김 없이 잘 마무리된 놀이는 반의 분위기를 활기차게 만들어 줍니다.

2

인어공주 놀이

3×1
$2 + - \div$

인어공주는 어떤 인물일까요? 사랑을 위해 두 다리와 목소리를 바꾼 사랑꾼입니다. 육지에 올라온 이후로 단 한마디도 말을 할 수 없었습니다. 그래서 이 놀이는 '말'을 해서는 안 됩니다.

누군가 이렇게 반문할지도 모릅니다. 질문수업의 기본은 말 아닌가요? 수학도 떠들면서 배우라는데 말을 하면 안 된다고요? 그렇다면 학생들에게 한마디 던져 보세요. 눈치 빠른 학생들은 바로 짐작할 것입니다.

"지금부터 인어공주놀이를 합니다."

"혹시 말 못 해요?"

"바다를 헤엄치나요?"

맞습니다. 인어공주놀이는 목소리를 잃은 인어공주가 되어 교실 이곳저곳을 다니며 바다에서 헤엄치며 보석을 찾듯 다른 학생들의 공책을 읽는 놀이입니다. 다른 사람이 쓴 공책을 살펴보며 배움을 확장하는 것이지요.

① 모든 학생의 공책을 책상 위에 펼친다.

② 짝과 가위바위보를 한다.

③ 이긴 학생이 먼저 자리에서 일어난다.

④ 열중쉬어 자세로 인어공주처럼 말을 못 하는 채로 돌아다닌다.

(이때 절대로 다른 친구의 물건에 손을 댈 수 없다.)

⑤ 다른 학생들의 공책을 살펴보며 내용을 탐색한다.

⑥ 나와 다른 내용을 찾는다.

⑦ 자리로 돌아와 짝에게 내가 보고 온 내용을 기억해서 전한다.

⑧ 추가할 내용을 각자 공책에 적는다.

⑨ 남은 짝이 일어나서 ①~⑧번 활동을 반복한다.

이 활동에 재미를 더하기 위한 조건이 있습니다. 제한 시간입니다. 제한 시간이 있기에 단순하지만 몰입할 수 있습니다. 짧은 시간 동안 보석을 찾아와야 하니까 말이지요. 이 활동은 여러 방법으로 변형도 가능합니다.

단원의 첫 까만놀이를 떠올려 보세요. 짝과 함께 질문을 만들고 짝이동을 하며 서로의 질문을 탐색합니다. 이때 짝과 질문을 나누는 것에서 나아가 반 전체가 질문을 나누게 할 때, 배움의 확장을 위해 인어공주놀이를 할 수 있습니다.

반 전체 중 절반의 학생이 일어나 인어공주가 되어 이곳저곳을 다니며 다른 학생들의 공책을 읽습니다. 나와 내 짝이 미처 생각하지 못한 질문을 발견합니다. 얼른 짝에게 돌아와 이야기해 주고 함께 씁니다. 이때 질문과 사고의 확장이 일어나게 됩니다. 단원의 첫 차시만 가능할까요? 마지막 정리 활동 시간에도 가능합니다. 지금까지 배운 내용을 정리한 공책을 인어공주놀이를 하며 살피는 것입니다.

인어공주놀이는 여러 가지로 변형이 가능합니다. 수학 수업에서 합동과 대칭을 찾는 미션이 주어집니다. 이때 한 명의 친구가 교실 곳곳을 돌아다니며 창문, 사물함, 바닥 타일, 휴지, 가위 등 수많은 합동과 대칭을 발견해 옵니다. 그것을 짝에게 설명해 주고 하이 파이브를 하고 다른 짝이 교실을 다니면서 찾아오게 할 수 있습니다.

3

까바놀이, 어디까지 알고 있니?

"손병호게임 해 볼까요?"

"안경 쓴 사람 접어!"

"오늘 머리 안 감은 사람 접어!"

"우리 반에 좋아하는 사람 있으면 접어!"

갑자기 웬 손병호게임이냐고요? 바로 까바놀이를 할 때 놓치면 안 되는 사소한 팁이 손가락 접기라서 그렇습니다. 짝과 번갈아 가며 까바놀이를 할 때 손가락으로 몇 개를 말했는지 한 손으로 표시하도록 합니다.

A: 직각 표시가 있습니다.

B: 직각 표시가 있습니까? (손가락 접기) 평행한 두 변을 밑변이라고 합니다.

A: 평행한 두 변을 밑변이라고 합니까? (손가락 접기) 높이가 있습니다.

B: 높이가 있습니까? (손가락 접기) 밑변이 두 개입니다.

손가락을 접게 하는 이 행동 하나만으로 얻는 것이 많습니다. 교사는 학생들이 어느 정도를 말했는지 살펴볼 수 있습니다. 짝과 둘이 왔다 갔다 하면 한 세트 완료로 손가락으로 표시합니다. 짝과 한 팀이 되는 겁니다. 그리고 학생들은 긴장감 있게 까바놀이를 합니다. 나중에 선생님이 질문을 몇 개 했는지를 물어보기 때문에, 많이 하기 위해서 몰입도 있게 놀이에 참여합니다. 절대 헐렁하게 진행되지 않습니다.

이때 선생님들이 놓쳐서는 안 될 주의 사항 한 가지는 까바놀이를 할 때 시간을 짧게 주라는 것입니다. 왜일까요? 까바놀이는 너무 단순하기 때문에 긴 시간을 주게 되면 지루함에 빠져서 집중력을 흩트리게 됩니다. 짧게는 30초, 길게는 1분이면 충분합니다. 순간의 몰입도를 올리기 위해서 제한 시간을 주는 것도 철저히 계산되어 있는 놀이입니다. 시간을 넉넉하게 주면 학생들의 학습을 느슨하게 만든다는 사실을 꼭 기억해 주세요.

까바놀이로 생활 지도도 가능해

"선생님, 길동이가요. 저를 괴롭혔어요."

"아니에요. 호동이가 먼저…"

수업이 끝나고 쉬는 시간이 되면 학생들이 교사의 자리로 옵니다. 꼭 친구와 싸우고 시시비비를 가리러 오지요. 이때 교사는 난감하지요. 판사도, 경찰도 아닌 우리가 상황 전체를 알 수 없기 때문입니다. 이럴 때 까바놀이가 효과적입니다. 수업 중에도 사용할 수 있지만, 생활 지도에도 효과 만점입니다. 어떻게 하면 될까요? 그냥 학생들에게 일어난 상황을 까바놀이로 해 보라고 하면 됩니다.

A: 내(길동)가 놀고 있는데 호동이가 와서 밀었습니다.

B: 길동이가 놀고 있는데 내(호동)가 와서 밀었습니까? 나(호동)는 우유를 나눠 주고 있었는데, 길동이가 책가방에 발이 걸렸습니다.

A: 호동이가 우유를 나눠 주고 있는데, 내(길동)가 책가방에 발이 걸렸습니까? 호동이가 사과하지 않아 화가 나서, 나(길동)도 똑같이 밀었습니다.

생활 지도를 할 때 난감한 사항은 항상 본인 입장에서만 말한다는 것입니다. 친구의 이야기는 듣지도 않고 남 탓하기 바쁘지요. 도덕 시간에 역지사지, 다른 사람의 입장에서 먼저 생각하자고 아무리 가르쳐도 실생활에선 말짱 도루묵입니다. 그러나 까바놀이를 하면 친구의 얘기를 들을 수밖에 없습니다. 게다가 친구가 한 말이 사실이 아니라고 생각해도 똑같이 따라 말해야 하는 것이 까바놀이의 규칙입니다.

더욱이 까바놀이가 좋은 점은 교사가 중간에 개입할 필요가 없습니다. 묵묵히 지켜보기만 하면 됩니다. 한 문장씩 주고받다 보면 학생들은 저절로 상대의 입장과 상황을 이해하게 되지요. 그래서 따로 교사가 조언을 하거나, '포청천'이 되어 판정해 줄 필요가 없습니다. 교사가 불필요한 말을 할 필요가 없으니 오해 살 일도 줄어듭니다.

또 하나의 좋은 점은 학생들이 싸운 상황이 되어도 선생님 앞에서 까바놀이를 하는 것이 귀찮아서 얼른 둘이서 해결하기도 한다는 점입니다. 꼭 한번 활용해 보세요. 100점 만점에 1000점입니다.

4

짝대화 연습도 놀이처럼

$$2 \ - \ + \ {}^{3} \times \ 1 \ \div$$

10-20-40초의 법칙

수학 질문수업을 하기만 하면 학생들 사이에 대화가 저절로 이루어질까요? 애들은 떠드는 거 좋아하니까 그냥 짝이랑 말하라고 하면 끝일까요? 절대 그렇지 않습니다. 수학 질문수업을 시도해 보며 학생들 사이에 대화가 끊겨 당황스러운 경우도 많았습니다. 학생들끼리 서로 이야기 하라고 해도 "다 했어요", "할 말이 없어요"라는 대답만 들려와 답답하기도 합니다.

학생들이 끊임없이 대화를 하는 방법이 따로 있을까요? 그건 바로 연습입니다. 짝대화도 연습할 기회를 주는 것입니다. 대화에 무슨 연습이 필요한지 궁금할 수도 있습니다. 또 연습이 필요함은 인정하더라도, 대체 대화 연습을 어떻게 하는지 막막할 수도 있지요.

핵심은 학생들이 이야기하고 싶게 만드는 것입니다. 짝대화도 놀이처럼 접근해 보세요. 가벼운 질문, 그리고 짧은 시간으로 워밍업부터 서서히 시작해 보면 좋습니다.

자기소개로 짝대화 연습하기

- 짝에게 자기 이름, 생일 등을 말하기 (10초)

- 짝에게 취미, 좋아하는 과목, 색깔, 음식 등을 말하기 (20초)

- 짝에게 자기소개하기 (40초)

중요한 건 점진적으로 진행되어야 합니다. 주제는 자기소개가 아니어도 좋습니다. 여름 방학 직후라면 여름 방학을 어떻게 보냈는지로 짝대화를 연습합니다. 처음에는 말이 없는 아이도 부담 없을 아주 짧은 시간으로 시작해 점차 주제와 시간을 늘려 갑니다. 그 과정에서 학생들은 자신도 모르는 사이 짝대화에 몰입하게 됩니다.

수학 질문수업에서도 마찬가지입니다. 처음 시작 질문부터 갑자기 난이도 높은 질문이나 과제를 제시하면 실패, 워밍업을 거친 다음 본 게임으로 들어가야 성공입니다. 가볍게 입을 열고 이야기하고 싶은 마음이 생겼을 때 조금씩 질문의 난이도를 높여야 합니다. 또 필요하다면 힌트나 키워드 등을 판서로 제시해 주면 학생들이 막힘없이 이야기하는 것을 도울 수 있습니다.

동시에 말하기 vs 번갈아 가며 말하기

짝대화 연습을 했으니 이제 된 걸까요? 아직도 연습할 게 남았습니다. 바로 듣는 연습입니다. 듣는 것도 대화의 일부이지요. 잘 듣는 연습은 어떻게 하면 될까요? 바로 두 가지 상반된 경험을 통해서 배울 수 있습니다.

동시에 말하기

① 짝과 동시에 30초 동안 쉬지 않고 말하기

② 이때 짝과 시선을 마주 보기, 미소 짓고 고개 끄덕이기

③ 손으로 귀를 막거나 고함을 지르는 것은 금지

먼저 짝과 동시에 말하기를 합니다. 여기에는 지켜야 할 규칙이 있습니다. 먼저 30초 동안 둘 다 쉬.지.않.고. 말하기입니다. 말이 도중에 끊어지면 안 되고요. 반드시 짝의 눈을 보고 시선을 맞추며 말해야 하고, 이야기 도중 손으로 귀를 막거나 소리를 크게 지르는 것도 안 됩니다.

간단한 것 같지요? 학생들과 한번 해 보면 순식간에 '와글와글~' 교실이 온통 학생들 이야기 소리로 가득 찹니다. 뭐라 말하는 건지 알아들을 수는 없어요. 학생들은 뭔가 웃기면서도 괴로운 표정입니다. 고요 속의 외침이 아니라 혼란 속의 외침이랄까요? 30초가 은근 길게 느껴집니다.

번갈아 가며 말하기

① 한 명씩 번갈아 가며 30초간 말하기

② 이때 먼저 이야기할 순서를 명시적으로 안내 (오른쪽에 앉은 사람 등)

③ 친구가 이야기하는 동안 친구 시선 마주치며 고개 끄덕이기

- 친구 이야기에 질문하거나 끼어들지 않고 오로지 듣기만 하기

④ 시간이 지나면 역할 바꾸어서 하기

번갈아 가며 말하기는 동시에 말하기와는 다르게 한 명은 말하고 나머지 한 명은 듣습니다. 이야기를 듣는 한 명은 친구를 바라보며 고개를 끄덕여 줍니다. 오로지 나의 말에 귀 기울여 주는 태도를 보여 줍니다.

이때 반드시 누가 먼저 시작할지 지정해 줍니다. 그렇지 않으면 또 우왕좌왕하느라 시간이 지체되거든요. 확실히 교실 분위기가 동시에 말하기 할 때와는 다르게 정돈됩니다. 이야기하는 친구도 신나지만 듣는 친구도 즐거워 보입니다.

“잘 들어라. 잘 들어야 한다.”

이런 교사의 잔소리 대신 학생들이 경청을 경험적으로 배우게 됩니다. 두 번의 듣기 연습이 끝났습니다. 그럼 이제 끝일까요? 본격적인 배움은 이제부터 시작됩니다. 조금 전에 연습한 짝대화를 지금이야말로 실습할 차례입니다.

“방금 동시에 말하기와 번갈아 가며 말하기의 차이점이 무엇인지

짝과 이야기해 보세요."

학생들은 상기된 표정으로 방금 자신이 경험한 것을 짝과 나누게 됩니다.

"동시에 말할 때는 네가 하는 말도 안 들리지만 내가 무슨 말 하는지도 모르겠더라니까?"

다른 친구가 이야기할 때 눈을 맞추고, 고개를 끄덕이면서 경청하는 것이 바로 '존중'의 태도입니다. 학습 대화를 할 때는 친구의 말이 맞든 틀리든, 나와 같든 다르든 상관없이 일관되게 끝까지 잘 들을 수 있어야 합니다. 존중을 갖춘 학습 대화야 말로 수업을 고품격으로 이끌어 줍니다.

에필로그

같이의 가치

"빨리 가려면 혼자 가고 멀리 가려면 함께 가라."

삶에서 무엇보다 중요한 것은 함께하는 사람입니다. 질문수업에 있어서는 짝, 같이 공부할 친구가 필요하지요. 혼자가 아무리 빠르더라도 금방 지루하고 지치고 포기하기 쉽습니다. 역시 혼자보다는 둘입니다. 둘이 되면 더 멀리 가고 즐겁고 힘들지 않지요.

수학 질문수업을 참관하고 처음 컨설팅받았을 때, 그 놀라움이 아직도 생생합니다. 감탄의 순간이 참으로 많았습니다. 수학과 질문이라는 어려운 주제가 어떻게 수업이라는 장면에서 실현되는지 보았습니다. 최대한 눈에 보이듯이, 또는 실천하기 쉽게 적자고 다짐했으나 제가 본 그대로 글로 옮기는 작업은 쉽지 않았습니다. 다른 부분도 있을 것이고, 정확하게 이해 못한 부분도 있을 겁니다.

수학 질문수업을 만나고 교실에서 시도하는 과정 역시 쉽지 않았습니다. 그러나 좋은 수업에 대한 열망이 있었기에 기꺼이 도전했습니다. 성공한 날보다 실패한 날이 많았습니다. 당연한 결과였습니다. 처음에는 보여지는 수업의 지극히 일부만을 따라 했기 때문이었지요. 그래도 지금 성장하고 있습니다.

교사와 학생 모두를 성장시키는 질문과 대화로 이루어진 수학 수업. 그 비밀을 공유하고 싶었습니다. 그 마음으로 책 쓰기를 시작했습니다. 책을 쓰는 과정은 숨겨진 보물찾기를 하는 것 같았습니다. 수석 선생님의 이야기를 들으며, 수업을 참관하며, 때로는 실패한 저의 수업 성찰문을 쓰며 배웠습니다. 짝이동 타이밍, 이끎질문 제시 방법, 학생들에게 손으로 직접 그려 보게 하는 것 등 사소한 디테일이 수업의 질을 결정한다는 사실은 책을 쓰지 않았다면 몰랐을 것입니다.

책을 쓰는 동안에도 수업은 계속되었습니다. 수업하면서 또 책을 썼습니다. 보이지 않던 부분들을 하나씩 배우고 수업에 적용해 보는 과정은 설렘과 좌절이 공존했습니다. 책을 쓴 덕분에 겉으로 드러난 것을 따라하던 수업에서, 배움의 본질을 생각하는 수업으로 성장하는 기쁨을 누렸습니다. '어떤 수업이 좋은 수업일까?' 오랫동안 마음에 품고 있던 이 질문에 대한 답을 수학 질문수업을 통해 얻을 수 있었습니다.

책을 쓰면서 초등교사는 결국 수업 속에서 서로가 서로를 건강하게 만날 수 있도록 도와주는 사람이라는 결론을 내립니다. 가장 좋은 수업은 옆 사람의 존재를 인정하고, 나의 존재를 인정받는 수업이었습니다. 우리가 배우는 것은 결국 다른 이와 더불어 나 자신으로서 삶을 살아가기 위함이니까요.

수학 질문수업을 해 나가며 보았습니다. 학생들은 자신의 존재를 인정받는 순간이 쌓일수록 누가 강요하지 않아도 스스로 배우고자 했습니다. 공부하라는 잔소리 대신 배우고 싶도록 만들어 주는 것이 먼저였습니다. 부디 이 책이 저희와 비슷한 고민을 하셨던 선생님들께 작은 도움이 될 수 있기를 바라봅니다.

경상남도 교육청 〈2023. 수업, 한 권의 책이 되다〉 공모 사업에 당선되어 이 책을 쓸 수 있었습니다. 수업과 책쓰기 모두 성장할 수 있는 감사한 기회였습니다. 수업뿐 아니라 책쓰기까지 하나하나 디딤돌을 놓아주시고 컨설팅해 주신 양경윤 수석 선생님, 전문성을 갖춘 교사로 나아갈 수 있도록 책쓰기 사업을 기획해 주신 경상남도 교육청 분들께 진심으로 고맙습니다. 이번 책을 발판 삼아 교실에서 더 좋은 수업으로 학생들과 행복한 교사로 한걸음 더 나아가겠습니다. 가정과 학교에 계시는 모든 교육자분들을 응원합니다. 감사합니다. 고맙습니다.

김수진, 곽초롱 드림